“ධම්මෝ හි වාසෙට්ඨා, සෙට්ඨෝ ජනේතස්මිං
දිට්ඨේ චේව ධම්මේ, අභිසම්පරායේ ච.”

වාසෙට්ඨයෙනි, මෙලොවෙහි ත්, පරලොවෙහි ත්
ජනයා අතර ධර්මය ම ශ්‍රේෂ්ඨ වෙයි !

- අග්ගඤ්ඤ සූත්‍රය - භාග්‍යවත් බුදුරජාණන් වහන්සේ

චතුරාර්ය සත්‍යාවබෝධයට ධර්ම දේශනා

දුක් බිය නැති ජීවිතයක්...

පූජ්‍ය කිරිබත්ගොඩ ඤාණානන්ද ස්වාමීන් වහන්සේ

© සියලුම හිමිකම් ඇවිරිණි.

ISBN : 978-955-687-056-5

ප්‍රථම මුද්‍රණය : ශ්‍රී බු.ව. 2559 ක් වූ වෙසක් මස පුන් පොහෝ දින

සම්පාදනය : මහමෙව්නාව භාවනා අසපුව
වඩුවාව, යටිගල්ඔළුව, පොල්ගහවෙල.
දුර : 037 2244602
info@mahamevnawa.lk | www.mahamevnawa.lk

පරිගණක අකුරු සැකසුම, පිටකවර නිර්මාණය සහ ප්‍රකාශනය :
මහාමේඝ ප්‍රකාශකයෝ
වඩුවාව, යටිගල්ඔළුව, පොල්ගහවෙල.
දුර : 037 2053300, 0773216685
mahameghapublishers@gmail.com

මුද්‍රණය : ලීඩ්ස් ග්‍රැෆික්ස් (පුද්.) සමාගම,
අංක 356 E, පන්නිපිටිය පාර, තලවතුගොඩ.

චතුරාර්ය සත්‍යාවබෝධයට ධර්ම දේශනා....

දුක් බිය නැති ජීවිතයක්....

අලුත් දහම් වැඩසටහන

1

පූජ්‍ය කිරිබත්ගොඩ ඤාණානන්ද ස්වාමීන් වහන්සේ
විසින් පොල්ගහවෙල මහමෙව්නාව භාවනා අසපුවේ අලුත් දහම්
වැඩසටහනේ දී සිදු කළ ධර්ම දේශනා ඇසුරිනි.

මහාමේඝ
MAHAMEGHA

ප්‍රකාශනයකි

පෙළගැස්ම....

නමෝ තස්ස භගවතෝ අරහතෝ සම්මාසම්බුද්ධස්ස
ඒ භාග්‍යවත් අර්හත් සම්මා සම්බුදුරජාණන් වහන්සේට නමස්කාර වේවා!

01.
උදේ වරුවේ ධර්ම දේශනය...

ශ්‍රද්ධාවන්ත පින්වත්නි,

මේ මාසයේ සිට අපි අලුතින් මේ දහම් වැඩසටහනක් ආරම්භ කළා. අපි ඉගෙන ගත්තු ධර්මය නැවත සිහි කැඳවීමක් කිරීමයි අපි මේ වැඩසටහනෙන් බලාපොරොත්තු වෙන්නේ. විශේෂයෙන් ධර්මය ඉගෙන ගන්න කලින් අපි කල්පනා කළයුතුයි අපි දැන් ඉන්න තත්වය ගැන. ඒ කියන්නේ මේ මනුෂ්‍ය ලෝකයේ මොන වගේ අවධියකද අපි ඉන්නේ කියන කරුණ.

බුදුරජාණන් වහන්සේ පහළ වෙච්ච, මීට අවුරුදු දෙදහස් පන්සීයකට කලින් තිබ්ච්ච සමාජය දැන් නෑ. එතකොට ඒ මීට අවුරුදු දෙදහස් පන්සීයකට කලින් හිටිය මිනිස්සුන්ට දේශනා කරපු ධර්මයක් තමයි අද අපි අහන්නේ. එතකොට ඒ කාලයේ මිනිස්සු මේ ධර්මය ස්පර්ශ කරන්න දක්වපු කුසලතාවය දැන් මිනිස්සුන්ට නෑ. එතකොට දැන් කාලේ මිනිස්සුන්ට ඒ කාලේ මිනිස්සු ධර්මය අවබෝධ කරන්න දක්වපු කුසලතාවය නැත්නම් ඒ ධර්මය අවබෝධ කරගන්න, එහෙම නැත්නම් ධර්මයේ හැසිරෙන්න අපිට තියෙන ඉඩකඩ බොහොම සීමිතයි.

බුද්ධිමත්ව මේ මනුෂ්‍ය ජීවිතය පරිහරණය කරන්නේ කොහොමද....?

පසුගිය දවස්වල මේ රටේ සිදුවෙච්ච සිදුවීම් එක්ක මං හිතන්නේ ඔබට තව පැහැදිලි ඇති ධර්මය තේරුම් ගන්න තියෙන අවස්ථාව තව තව වේගයෙන් ඈහිරීගෙන යන බව. මේකෙන් ඔප්පු වෙන්නේ බුද්ධ දේශනාවයි. අපි විශේෂයෙන්ම මේ සදහම් වැඩසටහනෙන් බලාපොරොත්තු වෙනවා මෙහෙම කරුණු කීපයක්. එකක් තමයි අපි වර්තමානයේ මූණ දීලා තියෙන තත්වය මත අපි බුද්ධිමත්ව මේ මනුෂ්‍ය ජීවිතය පරිහරණය කරන්නේ කොහොමද? කියන කාරණය පැහැදිලි කරලා දෙන්න.

මොකද ඒක දන්නෙ නැත්නම් ඒ මනුෂ්‍ය ජීවිතේ නැති වුණාට පස්සේ ඒක ගැන කතා කරලා වැඩක් නෑ. ඒ කියන්නේ දැන් අපිට ලැබිච්ච මනුෂ්‍ය ජීවිතේ නැති වුණාට පස්සේ අපි මැරිලා ගියාට පස්සේ අපේ මනුෂ්‍ය ජීවිතේ ගැන කවුරු කොතරම් වර්ණනා කළත් ඒකෙ කිසිම වැදගත් කමක් නෑ. ඔබට ඒකට මං කියන්නම් මං අහපු කතාවක්.

අනුන්ගෙන් ගත්තු ණය නොගෙව්වොත්.......

මට ස්වාමීන් වහන්සේ නමක් තමයි මේ කතාව කිව්වේ. එක ගෙදරක සාමාන්‍ය ධනයක් තියෙන පවුලක පියා මැරුණා. මැරිලා ටික කාලයක් ගියා. අවුරුද්දක් හමාරක් යන්න ඇති. දවසක් ඒ මැරිච්ච තාත්තගේ පුතා අහම්බෙන් අර මළවුන් ගෙන්නන තැනකට ගිහිල්ලා, ඒ සිද්ධියේ ඇත්ත නැත්ත මම දන්නෙ නෑ. ගිහිල්ලා මෙයාට හිතිලා තියෙනවා අපේ තාත්තා කොහේද ඉන්නේ කියලා

බලන්න ඕන කියලා. ඊට පස්සේ අහලා තියෙනවා "තාත්තා කොහේද ඉන්නේ?" ඊට පස්සේ කිව්වලු "මේ වෙද්දි තාත්තා ගවයෙක් වෙලා ඉපදිලා ඉන්නවා" කියලා.

ඊට පස්සේ අහල තියෙනවා "කොයි හරියෙද ඉන්නෙ ඒ ගවයා අපට අඳුනගන්න පුළුවන් ද?" කියලා. "පුළුවන් මෙන්න මේ මේ ලක්ෂණ ඒ ගවයාගේ තියෙනවා" කියලා. බැලුවහම ඉතින් මේගොල්ලෝ අඳුරන ගේක තමයි මේ ගවයා ඉන්නේ. මේ පුතා ගිහින් ඒ ගෙදරට යනකොට ගව මඩුවේ ඉඳලා අර කියපු ලකුණු තියෙන ගවයා ගව මඩුවේ අර ලෑලි උඩට කකුල් දෙක තියලා පුතා දිහා හොඳට බලන් ඉන්නවා.

මේ ඉන්නේ මගේ පියා......

ඊට පස්සේ මේ ගෙදරට ගිහිල්ලා ඒ අය ඒගොල්ලොත් එක්ක කතා කරලා කියලා තියෙනවා "අනේ මං මේ ආවේ උදව්වක් ඉල්ල ගන්න. අසවල් ගවයා මට දෙනවද ගෙදර අරන් යන්න" ඊට පස්සේ ඇහුවලු "ඒ මොකද ඒ? අපි ආදරෙන් මේ සත්තු හදන්නේ අපි විකුණන්නේ නෑ" කිව්වලු. ඊට පස්සේ කියලා තියෙනවා "නෑ නෑ මේ ඉන්නේ මගේ පියා. මං කියන ගාණක් දෙන්නම්. මේ සතාව මට දෙන්න" කිව්වා.

ලක්ෂ දහයක් ණය වෙලා......

ඊට පස්සේ එයා කියලා තියෙනවා "ඔයගොල්ලන්ගෙ පියා මගෙන් ලක්ෂ දහයක් ණයට අරගෙන තිබුණා. මට ගෙව්වෙ නෑ. ඒ ණය ගෙවලා එහෙනම් අරන් යන්න" කිව්වලු. ඊට පස්සේ මේ පුතා ඉක්මණින් ගෙදර ගිහිල්ලා ලක්ෂ දහයක් හොයාගෙන අර මහත්තයාට ගෙනිහින්

දුන්නා. දීලා අර ගවයාව ගෙදර අරන් යන්න පසුවදා ආවා. අර ණය ගෙවපු දවසේ හවස ගවයා ලෙඩ වෙලා වැටුනා. දවස් තුනයි හිටියේ මැරුණා.

අනතුර වටහා ගන්න....

දැන් මේක නොදැන ගත්ත නම් ආත්ම කීයක් නම් මේ ලක්ෂ දහය මෙයා ගෙවන්නද? සුළු ණයක් ගත්තත් ගෙවන්න වෙනවා. එතකොට ආත්ම කීයක් මෙයා ගෙවන්නද? දැන් මනුස්ස ලෝකයේ ඉඳලා අපි කළයුතු කතාවල් මනුස්ස ලෝකෙන් පස්සේ මොකුත් නෑ. ඒ නිසා මේ මනුස්ස ලෝකෙදි අපි ජීවත් වෙද්දි තෝරගන්න ඕන මොකක්ද කියලා මේ ධර්මයෙන් අපිට කියලා දෙන්නේ. ඒ කියල දෙන දේ තෝරගන්න දක්ෂ වුණොත් මං හිතන්නේ සියල්ලන්ට ම නෙවෙයි යම්කිසි පිරිසකටවත් උපකාර වෙයි.

මනුෂ්‍යයාගේ වේගවත් පරිහානිය.....

ඒ කියන්නේ දැන් හොඳට නුවණින් කල්පනා කරලා බලන්න ඒ තාත්තා ජීවත් වෙලා ඉන්දෙද්දි හිතුවේ නැතුව ඇති ඒ ණය ගත්තු එක්කෙනාගේ ගෙදර ගවයෙක් වෙලා උපදියි කියලා. නමුත් ඒ දේ වුණා. ඉතින් ඒ නිසා අපි හිතන්නෙ නැති ඉරණමක් කරා යන්න පුළුවන් නේද? මනුෂ්‍යයාගේ මේ වේගවත් පරිහානිය බලද්දි මේ මනුෂ්‍යයාට සුගතියේ යන්න තියෙන අවස්ථාව වැහෙන බව මේ ඇස් ඇරලා බලද්දි පේන්නෙ නැද්ද? සුගතියේ යන්න තියෙන අවස්ථාවත් වැහීගෙන නම් යන්නේ චතුරාර්ය සත්‍යය අවබෝධයට ඇති ඉඩකඩ කොහොම ඉතිරි වේවිද?

සුගතියට යන්න තියෙන අවස්ථාවත් වැහීගෙන යනවා....

එතකොට මේ සුගතියේ යන්න තියෙන අවස්ථාවත් වැහෙන තත්ත්වයක් මේ පෘථිවියේ වාසය කරන මනුෂ්‍යයාගේ ඉරණම හැටියට හැදීගෙන එනව නම් ඒක අපිට බුදුරජාණන් වහන්සේ පැහැදිලිව ම දේශනා කරපු එකක්. උන්වහන්සේ ඒ අනතුරු ඇඟවීම කරලා තියෙනවා. එතකොට අනාගතයේ එබඳු ලෝකයක නැවත අපි මනුෂ්‍ය ලෝකයට ආවොත් දැන් අපිට ඇස් පනාපිට පේනව නම් පිරිහීගෙන යනවා. එකිනෙකාට මඩ ගහගන්නවා. නින්දා අපහාස කරගන්නවා. ගරහනවා. මරනවා. සොරකම් කරනවා. මේ දූෂිත මිනිස් ස්වභාවය දකිද්දි මේ ලෝකෙම ඊ ළඟ ආත්මෙත් අපි උපන්නොත් මේ විදිහටවත් තේරුම් කරල දෙන්න කවුරුත් නැත්නම් එතකොට ධර්මය කියන්න යන අයත් ඉන්නේ නොමග නම් මිනිස්සුන්ට පේන තෙක් මානෙක ආයෙ තේරුම් ගන්න මොකවත් ඉතුරු වෙන්නෙ නෑ.

මිනිසුන්ගේ ආයුෂ අඩුවුණ හැටි.....

ඉතින් බුදුරජාණන් වහන්සේ චක්කවත්ති සීහනාද සූත්‍රයේදී මනුෂ්‍යයාගේ ආයුෂ පිරිහීගෙන යන හැටි කියලා දුන්නා. මිනිස්සුන්ගේ ආයුෂ ඉස්සර අවුරුදු දහස් ගාණක් තිබිලා ඊට පස්සේ අවුරුදු අඩු වෙවී අඩු වෙවී ගිහිල්ලා උන්වහන්සේ පෙන්වා දෙනවා “මහණෙනි, දහස් වසරක ආයුෂ ඇති මිනිසුන් අතර මිත්‍යා දෘෂ්ටිය බොහෝ සේ වැඩි වී ගියේය” එතකොට මිනිස් ආයුෂ අවුරුදු දාහ වෙනකොට මිනිස්සුන්ගේ මිත්‍යා දෘෂ්ටිය වැඩි වෙලා යනවා.

"මිත්‍යා දෘෂ්ටිය බොහෝ සේ පැතිර ගිය කල්හි ඒ සත්වයන්ගේ ආයුෂත් පිරිහී ගියේය. පැහැයත් පිරිහී ගියේය. ඔවුන්ගේ ආයුෂත් පිරිහී යනවිට පැහැයත් පිරිහී යනවිට දහසක් ආයු ඇති මිනිසුන්ගේ දරුවෝ පන්සීයයක් අවුරුදු ආයුෂ ඇත්තෝ වූහ" එතකොට අවුරුදු දාහක් දෙමව්පියන්ට තියෙනවා. එතකොට ඒ දෙමව්පියෝ පිරිහීමේ කොටස්කාරයෝ. එතකොට ඒ පිරිහීමට භාජනය වෙච්ච දෙමව්පියන් නිසා උපදින දරුවෝ ඒ මව්පියන්ගේ ආයුෂයෙන් භාගයක් අඩු කරගෙනයි වාසය කරන්නේ.

අධර්ම රාගය, විෂම ලෝභය, මිථ්‍යා දෘෂ්ටිය....

"මහණෙනි, පන්සිය වසරක් ආයුෂ ඇති මිනිසුන් අතර තුන් කරුණක් බොහෝ පැතිර ගියේය. අධර්ම රාගය, විෂම ලෝභය සහ මිත්‍යා දෘෂ්ටිය" අධර්ම රාගය කියන්නේ මේ රාගයට තියෙන සම්මත බිඳගන්නවා. දැන් ලෝකයේ තියෙනවා නෙ රාගය කියන වචනයට සම්මතයක්. අන්න ඒ සම්මත බිඳගන්නවා. විෂම ලෝභය කියන්නේ අනුන් සතු දේට ආශා කිරීම වැඩි වෙනවා. මිත්‍යා දෘෂ්ටිය කියන්නේ පින් පව් විශ්වාස කිරීම නැතුව යනවා.

ආයුෂ තවත් අඩු වුනා....

"මේ තුන් කරුණ බොහෝ පැතිර ගිය කල්හි ඒ සත්වයන්ගේ ආයුෂත් පිරිහී ගියේය. පැහැයත් පිරිහී ගියේය. ඔවුන්ගේ ආයුෂත් පිරිහී යනවිට පැහැයත් පිරිහී යනවිට පන්සියයක් ආයුෂ ඇති මිනිසුන්ගේ ඇතැම් දරුවෝ දෙසිය පණසක් අවුරුදු ආයුෂ ඇත්තෝ වූහ"

එතකොට දෙමව්පියන්ට අවුරුදු පන්සීයයි. දෙමව්පියෝ දූෂිත වෙච්ච දෙමව්පියෝ. මොනවයින්ද දූෂිත වෙලා තියෙන්නේ? රාගයෙන් දූෂිත වෙලා. විෂම ලෝභයෙන් දූෂිත වෙලා. මිත්‍යා දෘෂ්ටියෙන් දූෂිත වෙලා. එතකොට මේ දෙමව්පියන්ගේ දරුවෝ අර දෙමව්පියෝ විඳපු ආයුෂයෙන් අඩක් තමයි ලැබුවේ.

ගුණධර්ම පිරිහෙනකොට ආයුෂත් අඩුවෙනවා....

"මහණෙනි, දෙසිය පණසක් වසර ආයුෂ ඇති මිනිසුන් අතර මේ කරුණු බොහෝ පැතිර ගියේය. මව්ට නොසැලකීම. පියාට නොසැලකීම. ශ්‍රමණයන්ට ගරු නොකිරීම. බ්‍රාහ්මණයන්ට ගරු නොකිරීම. ගුරුවර ආදී කුලදෙටුවන්ට ගරු නොකිරීම" එතකොට බුදුරජාණන් වහන්සේ පහළ වෙද්දි මිනිසුන්ගේ ආයුෂ කීයද? එකසිය විස්සයි.

එහෙනම් ඒ සමාජය තුළ දෙමව්පියන්ට ගරු කරන්නෙ නෑ. එතකොට ශ්‍රමණයන්ට ගරු කරන්නෙ නෑ. ගුරුවරුන්ට බ්‍රාහ්මණයන්ට ගරු කරන්නෙ නෑ. බුදුරජාණන් වහන්සේත් ඒකට මූණ දුන්නෙ නැද්ද? භික්ෂූන් වහන්සේලාත් මූණ දුන්නෙ නැද්ද? මූණ දුන්නා. පිණ්ඩපාතෙ යනකොට හොඳට බැණුම් ඇහුවේ නැද්ද? අන්න ශ්‍රමණයන්ට ගරු කරන්නෙ නැති ලෝකෙ.

ප්‍රශ්නය පටන් ගත්ත තැන....

"මහණෙනි, මෙසේ (ඒ කිව්වේ මේ ප්‍රශ්නය පටන් ගත්තු තැන) ධනය නැති උදවියට ධනය ලැබෙන

පිළිවෙළක් නැති කල්හි දිළිඳු බව බොහෝ පැතිර ගියේය" ඒකෙන් තමයි ප්‍රශ්නෙ පටන් ගත්තේ. සාධාරණ විදිහට රජය විසින් මනුෂ්‍යයාට ආදායම බෙදුවේ නැති නිසා මේ අර්බුදය ඇති වෙච්ච හැටි. "දිළිඳු බව බොහෝ පැතිර ගිය විට අන්සතු දේ පැහැර ගැනීම බොහෝ සේ පැතිර ගියේය. අන්සතු දේ පැහැර ගැනීම බොහෝ සේ පැතිර ගිය කල්හි අවි ආයුධ ගැනීම බොහෝ සේ පැතිර ගියේය" ඇයි ඊට පස්සේ සාක්කි කාරයෝ ඉතුරු කරන්නෙ නෑ නෙ. සාක්කි නෑ. සොරකම් කරනවා. කවුද දැක්කේ දැක්ක එක්කෙනාව මැරුවා. ඒකට තමයි ආයුධ තියෙන්නේ. " අවි ආයුධ බොහෝසේ පැතිර ගිය කල්හි මනුෂ්‍ය ඝාතන බොහෝ වැඩි වී ගියේය" අවි ආයුධ පැතිරුණාට පස්සේ මනුෂ්‍ය ඝාතන බොහෝ සේ වැඩි වී ගියේය.

මිනිසුන්ගේ පිරිහීම හරි පුදුමයි....

දැන් බුදුරජාණන් වහන්සේගේ කාලේ හැම තැනම හොර කල්ලි හිටියේ නැද්ද? වනාන්තර ආශ්‍රය කරගෙන, ගම්මාන ආශ්‍රය කරගෙන හැම තැනම දරුණු හොර මුළු වාසය කළා. "මනුෂ්‍ය ඝාතන බොහෝ සේ වැඩි වී ගිය කල්හි බොරු කීම බොහෝ පැතිර ගියේය" බොරු කීම පැතිර යන්නෙ කොහොමද? ඇයි මිනිස්සුන්ට කියන්නේ "මං සුදනා. තමන් මොකෝවත් දන්නෙ නෑ" ඇතුළෙන් ඔක්කොම යනවා. "බොරු කීම බොහෝ පැතිර ගිය කල්හි කේළාම් කීම බොහෝ පැතිර ගියේය" බොරුවත් එක්ක ම ඊට පස්සේ මොකක්ද කරන්නේ බිඳවනවා. බිඳවන එකෙනුත් පැවැත්ම ගෙනියන්න පුළුවන් නෙ.

"කේළාම් කීම බොහෝ පැතිර ගිය කල්හි වැරදි කාම සේවනය බොහෝ පැතිර ගියේය. වැරදි කාම

සේවනය බොහෝ පැතිර ගිය කල්හි දරුණු වචනයෙන් බැණ වැදීමත් හිස් වචන කතා කිරීමත් යන මේ කරුණු දෙක බොහෝ පැතිර ගියේය. මේ කරුණු දෙක බොහෝ පැතිර ගිය කල්හි අන් සතු දේ තමා සතු කරගැනීමේ ආශාවත් ද්වේෂයත් බොහෝ පැතිර ගියේය. අන්සතු දේ තමා සතු කරගැනීමේ ආශාවත් ද්වේෂයත් බොහෝ පැතිර ගිය කල්හි මිත්‍යා දෘෂ්ටිය බොහෝ පැතිර ගියේය"

මිත්‍යා දෘෂ්ටිය තියෙන්නේ මොකක් එක්කද....?

දැන් බලන්න මිත්‍යා දෘෂ්ටිය තියෙන්නේ මොකක් එක්කද? අන්සතු දේ තමා සතු කරගැනීමේ ආශාවත් ද්වේෂයත් එක්කයි. දැන් බලන්න ලෝකේ පැතිරෙන මිත්‍යා දෘෂ්ටියේ මේ ලක්ෂණ තියෙනවා. අන්සතු දෙය තමා සතු කරගැනීමේ ආශාවයි ද්වේෂයයි. මිත්‍යා දෘෂ්ටිය බොහෝසේ පැතිර ගිය කල්හි අධර්ම රාගය, විෂම ලෝභය, මිත්‍යා ධර්මය යන කරුණු තුන බොහෝ පැතිර ගියේය.

"මේ කරුණු තුන බොහෝ පැතිර ගිය විට මව්ට නොසැළකීම, පියාට නොසැළකීම, ශ්‍රමණයන්ට ගරු නොකිරීම, බ්‍රාහ්මණයන්ට ගරු නොකිරීම, ගුරුවර ආදී කුලදෙටුවන්ට ගරු නොකිරීම මේ කරුණු බොහෝ පැතිර ගියේය. මේ කරුණු බොහෝ පැතිර ගිය කල්හි ඒ සත්වයන්ගේ ආයුෂත් පිරිහී ගියේය. පැහැයත් පිරිහී ගියේය. ඔවුන්ගේ ආයුෂත් පිරිහී යන විට පැහැයත් පිරිහී යන විට දෙසිය පණහක් අවුරුදු ආයුෂ ඇති මිනිසුන්ගේ දරුවෝ සියයක් අවුරුදු ආයුෂ ඇත්තෝ වූහ"

අපේ අනාගත ලෝකය....

එතකොට බලන්න බුදුරජාණන් වහන්සේ පහළ වෙද්දි මේ අර්බුදය තිබුණා. අපේ වාසනාවට මේ අන්තිම මොහොතේ ඒ කියන්නේ මේ මිනිස්සුන්ගේ විනාසය කට ළඟට තිබිලා තමයි ඒ බුදුරජාණන් වහන්සේ පහළ වුණේ. ඊ ළඟට බුදුරජාණන් වහන්සේ දේශනා කරනවා "මහණෙනි, මේ මිනිසුන්ගේ දරුවෝ දස වර්ෂයක් ආයුෂ ඇත්තෝ වන්නාහු නම් එබඳු කාලයක් එන්නේය" මේ කියන්නේ අපේ අනාගතය. අවුරුදු කීයට යනවද? දහයට. දැන් අපි පතන මනුස්ස ලෝකෙ ස්වභාවය. " මහණෙනි, දස වර්ෂයක් ආයුෂ ඇති මිනිසුන් අතර පස් හැවිරිදි කුමරියෝ පතිකුලයට යෑමට සුදුස්සෝය"

මේකෙ ලකුණු තියෙනවා....

දැන් අපිට පේනවා මනුස්ස ලෝකේ ලිට්ල් ස්ටාර්ස්, ලිට්ල් ඩාන්සර්ස් කියලා එනවා. දැන් ඒ චූටි ළමයි මහ අය වගේ නටනවා. දැක්කෙ නැද්ද ඔබ? දැන් එයාලා නටන්නෙ සාමාන්‍යයෙන් චූටි ළමයි නටන නැටිලි නෙවෙයි. මහ අයගේ නැටිලි නටනවා මේ චූටි අය. ඔබ දැක්කද නැද්ද? දැක්කා. දැන් ඔය සුපර් ස්ටාර්ස් කියලා චූටි ළමයිව නටවනවා. චූටි ළමයි ගී කියනවා මහ අය වගේ.

එතකොට බලන්න පස් හැවිරිදි කුමරියෝ පතිකුලයට යෑමට සුදුසු වන්නෝය. ඒ ලකුණු දැන් ටික ටික පහළ වෙනවා මිනිස්සු අතරේ. අනික දෙමව්පියෝ කැමතියි චූටි ළමයි මහ අය වගේ නටනවට. දෙමව්පියෝ ඉස්සරහට අරගෙන යනවා ඒ චූටි ළමයිව. එතකොට ඒ චූටි ළමයිව මහ අය වගේ සිංදු කියන්න දානවා. එතකොට

අර මහ අය කරන වැඩ පොඩි අය කරනවා.

බොජුන් අතර අග්‍රම භෝජනය....

"මහණෙනි, දස වසක් ආයු ඇති මිනිසුන් අතර මේ රසයෝ අතුරුදහන් වන්නාහුය. එනම් ගිතෙල් රස, වෙඬරු රස, ඒ කියන්නේ බටර් වල රහ නෑ දැන්. ගිතෙල් වල රහ නෑ. තලතෙල් වල රහ නෑ. මී පැණි රස, ඊ ළඟට පැණි රස, ලුණු රස. මේවායේ රහ නැති වෙලා යනවා. "මහණෙනි, දස වසක් ආයු ඇති මිනිසුන් අතර කුරහන් වලින් සැකසූ ආහාරය බොජුන් අතර අග්‍ර වන්නේය" දැන් බලන්න මේක බුදුරජාණන් වහන්සේ දේශනා කළේ කොයි කාලේද? දෙදාස් පන්සීයකට කලින් දේශනා කරපු දේ ඒ අනාගත වාක්‍යය දැන් සඵල වෙමින් නැද්ද? මේ වෙද්දි ඒක සඵල වෙමින් තියෙනවා.

"මහණෙනි. මෙකල (මෙකල කිව්වේ දෙදාස් පන්සීයකට කලින් ඒ බුදුරජාණන් වහන්සේගේ කාලේ) මස් සහිත ඇල් හාලේ බත බොජුන් අතර අග්‍ර වන්නේ යම් සේද, ඒ කාලේ කවුරුත් සම්මත කරලා හොඳයි පෝෂ්‍යදායී කියලා කෑවේ මොනවද? ඇල් හාලේ බතුයි, මසුයි. එසෙයින්ම මහණෙනි, දස වසක් ආයු ඇති මිනිසුන් අතර කුරහන් වලින් සැකසූ ආහාරය බොජුන් අතර අග්‍ර වන්නේය" එතකොට මිනිස්සු අගය කරන්නේ මොන කෑමද? හරී හොඳයි මේ කුරහන් දාලා කන්න කියලා ඒ කුරහන් කෑම තමයි, ඒ රොඩු තමයි අග්‍ර වෙන්නේ.

දස කුසල කර්මපථ සහමුලින්ම අතුරුදහන් වෙනවා....

"එසෙයින් ම මහණෙනි, දස වසක් ආයු ඇති

මිනිසුන් අතර දස කුසල කර්මපථ සහමුලින්ම අතුරුදහන් වන්නේය" දැන් ඔන්න ඒක විතරක් අපට පොඩ්ඩක් ඉතුරු වෙලා තියෙනවා. දස කුසල කර්මපථ කියන්නේ මොනවද? ප්‍රාණඝාතය නරකයි කියලා අපි කතා කරනවා. ප්‍රාණඝාතයෙන් වැළකීම හොඳයි කියලා කතා කරනවා. මේක දස කුසල කර්මය. දැන් මේ වෙද්දි අපි සොරකම නරකයි කියලා කතා කරනවා. වැරදි කාම සේවනය නරකයි කියලා කතා වෙනවා. මේකෙන් වැළකීම හොඳයි කියලා කතා වෙනවා.

නමුත් වැරදි කාම සේවනයට තැන තියෙනවා. දැන් මේ සමාජය තුළ කවුරුහරි කාන්තාවක් හෝ පුරුෂයෙක් හෝ නිරුවතින් රඟපෑවොත් විශාල පිළිග ැනීමක් එනවා. එහෙම නැද්ද? ඊට පස්සේ එයා ඉන්ටර්විව් කරලා අහනවා "ඔයාට මොකක්ද ඒ වෙලාවේ හිතුනේ?" ඊට පස්සේ එයා කියනවා "මම දැන් ඉස්සරහට මේ විදිහට දියුණු වෙනවා" කියලා. ඊට පස්සේ එයාට ලොකු තැනක්.

එතකොට මේ සමාජය තුළ අනිත් හැදෙන වැඩෙන පොඩි දරුවෝ මොකක්ද කල්පනා කරන්නේ? "අපිත් මෙසේ වන්නෙමු නම් මැනවි" හිතනවාද නැද්ද? දෙමව්පියොත් කැමති වෙන්නේ දරුවන්ගේ ඒ ආවරණය කළයුතු සිරුර නිරාවරණය කරලා පෙන්නනවට. දැන් ඒ ලකුණු පහළ වෙලාද නැද්ද? දැන් ඒක පහළ වෙලා.

එතකොට මොකද වෙන්නේ අනාගතයේ....

මේකේ හරි ලස්සනට විස්තර කරනවා දැනට ඒක මෙහෙම වුණාට කොටසක් පිළිගන්නවා මේක වැරදියි.

මේක හොඳ නෑ. මේක නරකයි කියලා. එහෙනම් දස කුසල කර්ම සම්පූර්ණයෙන්ම නැති වෙලා නෑ. ඊ ළඟට බොරු කීම හොඳ නෑ කියලා අපි දැන් කතා කරනවා. කේළාම් කීම හොඳ නෑ කියලා කතා කරනවා. ඵරුෂ වචන, හිස් වචන කීම හොඳ නෑ කියලා කතා කරනවා.

ඵරුෂ වචන කියන භික්ෂූන් වහන්සේලාත් ඉන්නවා....

නමුත් ඵරුෂ වචන කියන භික්ෂූන් වහන්සේලාටත් සමාජයේ ලොකු පිළිගැනීමක් නැද්ද? අසභ්‍ය වචන කියනකොට ලොකු පිළිගැනීමක් ඇති වෙනවා. ඒ වටා මහා ජනයා රැස්වෙනවා. "ආයේ කියන්න" කියලා අහගෙන ඉන්නවා. එතකොට මේ මොකක්ද? දස කුසල කර්ම අතුරුදහන් වීම. යහපත් වචන කතා කරන්න කිව්වහම "අනේ ඔය හැමදාම කියන එකනේ" කියලා ඒක අතහරිනවා. නින්දා කළොත් ගැරහුවොත් බැන්නොත් අපහාස කළොත් "හා... අලුත් දෙයක් කියනවා" කියලා ඒකට යනවා. එතකොට මේ අතුරුදහන් වෙමින් තියෙන්නේ මොනවද? දස කුසල කර්මපථ.

ෆේස්බුක් එක හරහාත් බොරු, කේළම්, ඵරුෂ වචන, හිස් වචන කියනවා....

ඊළඟට ප්‍රසිද්ධියේ සභාවල් වල කේළාම් කියනවා. "අසවලා මට මෙසේ කීවේය. අසවලාට මෙසේ බැන්නේය. අසවලා අසවලාට මෙසේ බැන්නේය" කියලා එළිපිට ස්ටේජ් එකේ කේළම් කියනවා. ඉස්සර කේළාම් කිව්වේ එහෙම නෙමෙයි. රහසේ. දැන් ඒක එළිපිට කියනවා. එතකොට මේ විදිහට දස කුසල කර්ම

අතුරුදහන් වෙනවා. ෆේස්බුක් වල එහෙම හරියට ඕවා වෙනවා. ඊට පස්සේ පරුෂ වචන. හිස් වචන. හිස් වචන හරියට කියවෙනවා. අනුන් සතු දේවල් කඩා වඩා ගන්න එක ගැන. මෙවුන්ට මෙහෙම දියුණු වෙන්න දෙන්න එපා. මෙවුන්ව නැති කරන්න ඕන කියලා කතා වෙනවා. ද්වේෂය. එතකොට මිත්‍යා දෘෂ්ටිය.

කුසල් කියන නමවත් අහන්න ලැබෙන්නෙ නෑ....

බුදුරජාණන් වහන්සේ වදාළා අවුරුදු දහයේ ආයුෂ ඇති මිනිසුන් අතර දස අකුසල කර්මපථ අතිශයින්ම ඉස්මතු වන්නේය. දස වසක් ආයු ඇති මිනිසුන් අතර කුසල් යන නමවත් අසන්නට නොලැබෙන්නේය. දැන් මිනිස්සුන්ගේ ආයුෂ අඩු වෙලා. දැන් මිනිස්සු අකුසල කර්මයෙන් වළකින නිසා කුසල් රැස්කරන නිසා තමයි මේ කුසල් කියන වචනෙ අහන්න ලැබෙන්නේ. අන්තිමට මිනිස්සුම කියන්න ගන්නවා "අනේ අපට ඔය කුසල් අකුසල් වලින් වැඩක් නෑ. මේ වෙලාවේ අපේ වැඩේ කරගන්නයි අපට ඕනේ" කියන ලෝකෙට තමයි මේ යන්නේ.

පැහැර ගැනීම, ඝාතන, දූෂණ.....

එතකොට අනාගත මනුස්ස ලෝකේ කුසල් කියන නමවත් අහන්න ලැබෙන්නේ නෑ. දැන් හිතන්න බලන්න දැන් මේ දවස්වල ලොකු අර්බුදයක් තියෙනවා ඉරාකයේ ඊ ළඟට සිරියාවේ. කුසල් කියන වචනෙවත් අහන්න නෑ. දස කුසල කර්ම කියන වචනෙවත් අහන්න නෑ. දස අකුසල් නම් තියෙනවා. අනුන් සතු දේ පැහැර ගැනීම තියෙනවා. ඝාතනය තියෙනවා. දූෂණය තියෙනවා.

කුසල් කියන වචනෙ අහන්නවත් නැත්නම් කුසල් කරන්නෙක් කොහෙන් නම් ලබන්නද...?

කුසල් කරන්නෙක් ඉන්න නම් කුසල් කියන දේ අහන්න ලැබෙන්න ඕන. කුසල් අහන්න ලැබෙන්නෙ නැත්නම් කුසල් කරන්නෙ කොහොමද? දානයක් දෙන්න නම් දීම ගැන අහන්න ලැබෙන්න ඕන. දීම ගැන අහන්න නැත්නම් දෙන්නෙ කවුද? සීලයක් රකින්න නම් සීලය ගැන අහන්න ලැබෙන්න ඕන. සීලය ගැන කතාවක් නැත්නම් සිල් රකින්නේ කවුද? ඒ වගේ.

දෙමව්පියන්ට නොසලකන අය පිදුම් ලබනවා....

"මහණෙනි, දස වස් ආයු ඇති මිනිසුන් අතර යම් කෙනෙක් මවට නොසලකත්ද, (එතකොට අනාගත ලෝකෙ මේ කියන්නේ. දැනට ටිකක් අපි මේකෙන් බේරිලා ඉන්නවා. මැදපෙරදිග නම් මේ ප්‍රශ්නෙ දැන් ඇවිල්ලා තියෙනවා) මව්ට නොසලකත්ද. පියාට නොසලකත්ද, ශ්‍රමණයන්ට ගරු නොකරත්ද, බ්‍රාහ්මණයන්ට ගරු නොකරත්ද, කුලදෙටුවන්ට අවනත නොවෙත්ද, ඔවුහු පිදුම් ලබන්නාහ" එතකොට අනාගතයේ දරුවෝ දෙමව්පියන්ට සලකන්නෙ නැත්නම් සමාජය තුළ එයාට තමයි සැලකීම තියෙන්නේ. පිළිගැනීම තියෙන්නේ.

"මහණෙනි, මෙකල (මෙකල කිව්වේ බුදුරජාණන් වහන්සේ වැඩසිටින කාලේ) යම් කෙනෙක් මව්ට සලකත්ද, පියාට සලකත්ද, ශ්‍රමණයින්ට ගරු කරත්ද, බ්‍රාහ්මණයින්ට ගරු කරත්ද, කුලදෙටුවන්ට අවනත වෙත්ද, ඔවුහු යම්සේ

පුදනු ලබත්ද, එතකොට ඒ අය බුද්ධ කාලේ මිනිස්සු අතර පිලිගන්නවා. දැන් මේ කාලෙත් සාමාන්‍යයෙන් දෙමව්පියන්ට සලකන කෙනාව පිළිගන්නව නෙ. මව්ට සලකන කෙනාව පිළිගන්නවා. පියාට සලකන කෙනාව පිළිගන්නවා. සමාජයේ අගය කරනවා "ඔයා හොඳ කෙනෙක්. ඔයා හොඳ වැඩක් කරනවා" කියලා. එතකොට ශ්‍රමණයන්ට සලකන බ්‍රාහ්මණයන්ට සලකන වැඩිහිටියන්ට සලකන ගරු කරන එක්කෙනාට සමාජයේ යම්කිසි අගය කිරීමක් තියෙනවා.

වර්තමාන දේශපාලනයයි මාධ්‍යයයි ඒ පරිහානියට උදව් කරනවා....

"මහණෙනි, දස වස් ආයු ඇති මිනිසුන් අතර මව්ට නොසලකන. පියාට නොසලකන, ශ්‍රමණබ්‍රාහ්මණයන්ට නොසලකන, කුලදෙටුවන්ට අවනත නොවන කෙනෙක් ඇත්ද, ඔවුහු පිදුම් ද ලබන්නාහ. ප්‍රශංසා ද ලබන්නාහ" එතකොට ඒ කෙනාට තමයි සමාජයේ පිළිගැනීම තියෙන්නේ. හැබැයි ඒ ලෝකේ දැන් හැදි හැදී යනවා කියලා තේරෙන්නේ නැද්ද ඔබට? දැන් ඒ ලෝකෙ තමයි මේ හැමෝම එකතු වෙලා සාමාන්‍ය දේශපාලනය යි මාධ්‍යයයි පුවත්පතුයි සමාජයයි මේ ඔක්කොම එකතු වෙලා හදන්නේ අර අනාගතයේ පරිහානියට පත්වෙන ලෝකයයි.

ස්ත්‍රීන් කෙරෙහි ගරුසරු හැඟීම් නැති වෙනවා....

"මහණෙනි. දස වස් ආයු ඇති මිනිසුන් අතර මේ මව්තුමිය ය, මේ මැණියන්ගේ සොහොයුරියෝ ය,

නැන්දනියෝ ය, ආචාර්යවරුන්ගේ බිරින්දෑවරු ය, ගරු කළයුත්තන්ගේ බිරින්දෑවරු ය වශයෙන් ස්ත්‍රීන් කෙරෙහි ගරු සරු හැඟීම් නැති වන්නේය. එළු බැටලුවෝ, කුකුලෝ ඌරෝ, බලු සිවල්ලු යම් සේ හැසිරෙත් ද, එසෙයින්ම ලෝක සත්වයෝ යහපත් කුලාචාර ධර්ම නොතකා සිඳ බිඳ දමා හිතු මනාපයේ හැසිරෙන්නාහ.

ඔන්න අනාගත ලෝකය....

දැන් ඒ ලෝකෙට නේද මේ පාර ඔක්කොම කැපී ගෙන යන්නේ. මං කිව්වේ ඒකයි. දැන් පොඩි දරුවෝ නටවනවා මහ අය වගේ. ඊ ළඟට ස්ත්‍රියකගේ තිබිය යුතු වැදගත්කම නොසලකා නිකම් නීච ස්වභාවයට එයාව පත්කරනවා. ඊ ළඟට සාමාන්‍යයෙන් පොදුවේ ගත්තොත් සරීරයේ ආවරණය කරගන්න ඕන එක නිරාවරණය කරගත්තාම පිළිගැනීම වැඩියි. එතකොට ඒ එන්නේ අර අනාගත ලෝකෙට තමයි.

අනාගතයේ ශාන්ත වාතාවරණයක් නම් බලාපොරොත්තු වෙන්න එපා....

"මහණෙනි, මිනිසුන්ගේ ආයුෂ දස වසක්ව ඇති කල්හි ඒ සත්වයන් අතර එකිනෙකා කෙරෙහි දරුණු වෛරයක් පිහිටන්නේය. දරුණු ද්වේෂයක්, දරුණු මානසික ආවේගයක්, දරුණු වධක චිත්තයක් පිහිටන්නේය" මේ ලකුණු දැක්කේ නැද්ද ඔබ පසුගිය දවස්වල? දැක්කෙ නැද්ද දරුණු වෛරයක්, දරුණු මානසික ආවේගයක්, දරුණු වධක චිත්තයක්. තමන්ට කෙනෙක් හිතවත් නැත්නම් තමන්ගේ මතයට කෙනෙක් විරුද්ධ නම් ඒ විරුද්ධ මතවාදියාට ඉඩක් තියන්නෙ

නැති විදිහ. මේක ඔබ හිතන්නේ ඉස්සරහට නැති වෙයි කියලද? නැති වෙන්නේ නෑ. අපි බලාපොරොත්තු වෙන්නේ නිකම් ශාන්ත වාතාවරණයක්. ඒක වෙන්නේ නෑ. ඇයි එන්න එන්න මේ එකකින් විනාශ වෙච්ච එක ඊ ළඟ එකිනුත් විනාශ වෙනවා.

දරුණු වෛරයක්, වධක චිත්තයක්....

"ඒ කාලේ වෙනකොට පුතු කෙරෙහි මව තුළත්, මව කෙරෙහි පුතු තුළත්, පුතු කෙරෙහි පියා තුළත්, පියා කෙරෙහි පුතු තුළත්, සොයුරා කෙරෙහි සොයුරා තුළත්, සොයුරිය කෙරෙහි සොයුරා තුළත්, සොයුරා කෙරෙහි සොයුරිය තුළත් දරුණු වෛරය පිහිටන්නේය" තමන්ගේ ම පවුලේ අයම තමයි කාකොටාගන්නෙ. දැනුත් ඔය සහෝදරයන් අතර තියෙනවා. දැන් ඒක වැඩි වෙනවා ඉස්සරහට. දරුණු වෛරයක් පිහිටන්නේය. දරුණු ද්වේෂයක් දරුණු මානසික ආවේගයක් දරුණු වධක චිත්තයක් පිහිටන්නේය.

මෘගසංඥාව....

"මහණෙනි, යම්සේ මුවන් මරන්නෙකුට මුවෙකු දැක්ක විට දරුණු වෛරයක පිහිටීමක් වෙයිද, දරුණු ද්වේෂයක දරුණු මානසික ආවේගයක වධක චිත්තයක පිහිටීමක් වෙයිද, ඒ කියන්නේ දඩයක්කාරයෙකුට මුවෙක් දැක්කහම උගව මරන්නමනේ හිතෙන්නේ. එසෙයින්ම මහණෙනි, මිනිසුන්ගේ ආයුෂ දස වසක්ව ඇති කල්හි ඒ සත්වයන් අතර එකිනෙකා කෙරෙහි දරුණු වෛරයක් පිහිටන්නේය"

ආයුධ අන්තඃකල්පය....

මේ වෛරය නිසා මොකද වෙන්නේ? "දස වස් ආයු ඇති මිනිසුන් අතර සත් දිනක ආයුධ අන්තඃකල්පය වන්නේය. ඔවුහු ඔවුනොවුන් කෙරෙහි මෘග හැඟීම ලබන්නේය. ඔවුන්ගේ අත්වල තියුණු ආයුධ පහළ වන්නේය. ඔවුහු ඒ තියුණු ආයුධයෙන් මූ මෘගයෙක්, මූ මෘගයෙක් යනුවෙන් ඔවුනොවුන් මරාගන්නාහ" ඕක තමයි අපේ අනාගතය මේ මනුෂ්‍ය ලෝකයේ. එතකොට මේ මනුෂ්‍ය ලෝකයේ මේ අනාගතය වර්තමානය විසින් හදනවා කියන එක දකින්න අපිට සිහිය ඕන. අනාගතය කියලා අමුතු එකක් නෑ.

වර්තමානයේ හදන නිර්මාණයේ ප්‍රතිඵලය තමයි අනාගතය....

එතකොට වර්තමානය තමයි අනාගතය හදන්නේ. දැන් ඔබ දකින්න ඇති පසුගිය කාල පරිච්ඡේදය තුළ දැන් කොටින්ම කියන්නේ අපි ගමු මීට අවුරුදු පහළවකට කලින් පටන් ගත්තේ මේ මහමෙව්නාව. ඒ පටන් ගත්ත කාලේ මිනිස්සුන්ගේ කල්පනාව මේ අවුරුදු පහළවට වේගෙන් වෙනස් වෙලා ගිහිල්ලා නැද්ද? වේගෙන් වෙනස් වෙලා ගිහිල්ලා. දන්න තේරෙන අය ගුණ ධර්ම පොඩ්ඩක් රැකගෙන ඉන්නවා. නමුත් වර්තමාන සමාජය මහා පරිහානියක්. තදබල පරිහානියක්. තදබල ගුණධර්ම පරිහානියක්. නීතියක් නෑ. සමාජ ආචාර ධර්ම නෑ. සමාජ සම්මත නෑ. වැදගත්කම් නෑ.

මේ ඔක්කෝම විනාශ වේගෙන යනවා පේන්නෙ නැද්ද...?

මේ ස්වභාවය මත අපි දැන් බලන්න ඕන මොකක්ද අපිට කරන්න පුළුවන් තම තමන් වෙනුවෙන්. ඒක අපි මෙන්න මෙහෙමයි තේරුම් ගන්න ඕන. දැන් අපි මේ මනුස්ස ජීවිතේ ගමු. මොකක් හරි පිනකට අපිට මනුෂ්‍ය ජීවිතයක් ලැබුණා. මේ මනුෂ්‍ය ජීවිතේ අපි කියමු කළයක් කියලා. මේ කළේට අපිට ඕන නම් බිංදුව බිංදුව වතුර දාගන්නත් පුළුවන්, කළය බිඳගන්නත් පුළුවන්. බුදුරජාණන් වහන්සේගේ දේශනාවේ කොහොමද තියෙන්නේ. **"උදබින්දු නිපාතේන උදකුම්භෝපි පූරති"**

වතුර බිංදුව බිංදුව හරි වැටුණොත් කළේ වුණත් පිරෙයි....

එතකොට මනුස්ස ජීවිතේ ලැබිච්ච එක්කෙනාට ඒ කළයක් හැටියට තමන්ගේ ජීවිතය ගත්තොත් බින්දුව බින්දුව හරි වතුර පුරවගන්න ලැබිච්ච අවස්ථාවක් කියලා කළේ බිඳ ගන්නෙ නැතුව ඒ කිච්චේ මනුස්ස ධර්ම වලට හානි කරගන්නේ නැතුව මනුස්ස ධර්ම වලට හානි වෙනවා මනුස්ස ධර්ම වලට හානි වෙන දේවල් කරගත්තොත්. දැන් ඒවායින් වළක්වගන්න තමයි අද අපි මේ දහම් වැඩසටහන පටන් ගන්න ඉස්සර වෙලාම බුදුරජාණන් වහන්සේව සරණ ගියේ. ධර්මය සරණ ගියේ. ශ්‍රාවක සංඝයා සරණ ගියේ. මේ සරණින් තමයි මේ මනුෂ්‍ය ධර්ම පිහිටන්න පටන් ගන්නේ. වෙන එකකින් නෙමෙයි.

කේන්දර නැකැත් වලට වෙච්ච දේ දැක්කනේ....

දැන් අපි කල්පනා කළොත් සමාජය තුළ සීලය ගැන ගොඩක් කතා කළා. කතා කළාට ඒ සීලය රැඳෙන්නෙ නෑ. ඇයි හේතුව? බාහිර ලෝකෙ ඒ සරණ නෑ. සරණ හැටියට තිබුණේ නැකත, කේන්දරේ. දැක්කනෙ වෙච්ච දේ කේන්දර නැකැත් වලට පසුගිය කාලේ. අපි මේවා නිසරුයි කියලා මුල්ම කාලේ කිව්වා නේද? මුල් කාලේ මේවා නිසරුයි කිව්වහම සමහරු හරියට ඇඟට ගොඩ වුණා අපේ. "මේවා නිසරුයි කියන්නේ කොහොමෙයි? මේවා හරි සාරවත් දේවල් නොවැ" කියලා. දැන් දැක්කද වෙච්ච දේ.

එතකොට සරු දේ සරු හැටියට දකින්නත් නිසරු දේ නිසරු හැටියට දකින්නත් හැකියාව නැත්නම් මිසදිටුව මිසදිටුව හැටියටත් සම්දිටුව සම්දිටුව හැටියටත් දකින්න හැකියාව නැත්නම් අපිට මේ ලැබිච්ච සරණින් නම් පිළිසරණ ගන්න හම්බ වෙන්නේ නෑ.

සරණ යමු අපිත් - ඒ උතුම් මුනි රජාණන්....

ඉතින් ඒ නිසා අපි ඉස්සෙල්ලාම කළේ බුදුරජාණන් වහන්සේව සරණ ගියා. හැබැයි දැන් ඔබ හිතන්න අපි මේ කතා කරන අපේ මේ පණිවිඩේ යන්නේ බොහොම සීමිත පිරිසකට. දැන් සාමාන්‍යයෙන් මාධ්‍ය වල ලොකු තැනක් නැද්ද ජ්‍යෝතිෂයට. කණ්ඩායම් එකතු වෙලා, සභාවල් තියලා, සාකච්ඡා කරනවා. එතකොට සාමාන්‍ය මිනිස්සු හැමදේම බලන්නේ මේවා නැකතකට කරන්න

ඕන. නැකතකට පටන් ගන්න ඕන. නැකතකට ඉවර කරන්න ඕන. කේන්දරේ බලන්න ඕන පියවරක් ගන්න. මේ මිත්‍යා දෘෂ්ටියක් සරණ යමින් මිත්‍යා දෘෂ්ටියක පිහිට පතමින් බුදු කෙනෙකුගේ ධර්මයක් කොහොමද මේකට ගලපන්නේ. බුදු කෙනෙකුගේ ධර්මයක් ගලපන්න විදිහක් නම් නෑ.

බුදු කෙනෙකුගේ ධර්මයක් ගලපන්න නම් එයා පිළිගන්න ඕන කර්ම කර්මඵලයි....

ඇයි සංසාරේ කෙළවරක් නැතුව කර්ම රැස්වෙච්ච අය අපි. පිනුත් කරපු අය. පවුත් කරපු අය. දැන් අපි ගත්තොත් මොනව හරි තියෙනවා නම් අපිට විපාක දෙන්න විපාක දෙනවා. හැබැයි ඉතින් මේක අපේ කේන්දරේ බලලා අපිට මේක කොයි කාලේ ඉවර වෙයිද? කියලා අපි දැනගන්න ආස කරන්න පුළුවන්. එහෙම ආස කළා කියලා ඉවර වෙන්නේ නෑ. දැන් එහෙනම් අපි බලන හැටියට ප්‍රශ්න විසඳෙන්න එපායැ. විසඳුනේ නැනෙ.

ගුණධර්ම ගැන කතාවක් නැත්නම් ගුණධර්ම පිහිටන්නෙ නෑ....

එතකොට බුද්ධිමත් කෙනෙකුට හිතන්න අවස්ථාවක් නැද්ද මේ සිද්ධි වලින්. මේ සිද්ධි වලින් බුද්ධිමත් කෙනෙකුට සිතන්න අවස්ථාවක් තියෙනවා. දැන් අනාගතයේ මේවම තමයි ඉස්සරහට එන්නේ ධර්මය හැටියට. ඕවම ඉස්සරහට ආවට පස්සේ අර මිනිස්සුන්ගේ ගුණධර්ම හානි වෙනවා. ඒක ගැන කතාවක් නෑ. අවංක

කම් විනාස වෙනවා. ඒව ගැන කතාවක් නෑ. මනුස්ස කම් නැත්තට නැතුව යනවා. ඒව ගැන කතාවක් නෑ. කතාව මොකක්ද? නැකතට පැළේ ඉන්දෙව්වද? නැකතට දොර ඇරියද? නැකතට ජනේලෙ වැහුවද? පොරොන්දම් ටික ගැලපුනාද? මෙව්ව තමයි කතාවට යන්නේ වැදගත් ඒවා හැටියට. ගුණධර්ම කතාව නෑ. එතකොට ගුණධර්ම කතාවක් වෙන්න එපායැ ගුණධර්ම පිහිටන්න නම්. ගුණධර්ම ගැන කතාවක් නැත්නම් ගුණධර්ම පිහිටන්නෙ නෑ.

මෙන්න මේවටයි ගුණධර්ම කියන්නේ....

අපි අහල තියෙනවා ඉස්සර එක සීයා කෙනෙක් පොඩි වලක් හාර හාර හිටියා. මුණුබුරා ගිහිල්ලා අහනවා "සීයේ මේ වල හාරන්නේ මොකටද?" සීයා කියනවා " පුතේ මං මේ හාරන්නේ අඹ ඇටයක් හිටවන්න" කියනවා. "සීයේ දැන් ඔය අඹ ඇටේ ඔයා හිටවලා ඔයාට ඔය අඹ ගහේ ගෙඩි කන්න කාලයක් ඒවිද?" සීයා කියනවා " පුතේ මං මේ අඹ ඇටේ හිටවන්නේ මට ගෙඩි කන්න නෙමෙයි. ඔයාලටයි" අන්න ඒක තමයි ධර්මය කියන්නේ. ඒවා ධර්මයට අයිති දේවල්. එව්වා නැතුව ගියා.

අනාගතේ බුද්ධ දේශනාවට තැනක් නැතුව යනවා....

දැන් හැමදේම විසඳන්න හදන්නේ අර ලාභ ක්‍රම වලින්. එතකොට මොකද වෙන්නේ? මිනිස්සු තුළ මිසදිටුව හොඳට පැතිරෙන කම් මිසදිටුවම ජය ගන්නවා. කවදාවත් බුද්ධ දේශනාවල් වලට තැනක් නෑ. තැනක් නැතුව යනවා. බුද්ධ දේශනාවේ තමයි මේ

කර්මය කර්මඵලය විස්තර කරන්නේ. පෙර ආත්මේ ඊළඟ ආත්මේ ගැන විස්තර කරන්නේ. එතකොට මේවා ගැන මොකක්වත් දන්නේ නැති ලෝකෙක මිසදිටුවට පවතින්න ලේසි නැද්ද? මිසදිටුවට පවතින්න බොහොම ලේසියි.

එක්කෙනෙක් හරි සත්‍යය කියන්න ඕන....

හරි අපි කියමු අපිත් මේ ධර්මය මෙහෙම නොකියා හිටියා නම් මහමෙව්නාව කියලා එකකුත් නොහදා හිටියා නම් අසපුත් නැත්නම් මේ වෙද්දි සමාජය තුළ බුද්ධ දේශනාවල් දැනගන්න මේ වර්තමානයේ දැන් තියෙන ඉඩකඩ තියෙයිද? කිසිසේත්ම නෑ. අද හැමතැනම කවුරුත් කතා කරනවා. කවුරුත් මේ ධර්මය විස්තර කරනවා. චතුරාර්ය සත්‍යය කියන වචනෙ දැන් කවුරුත් කියනවා. නමුත් මේවා මීට අවුරුදු පහළවකට විස්සකට කලින් කවුරුවත්ම කතා කළේ නෑ. එතකොට මේ කතා කරන්න පාදක වුණේ එක්කෙනෙක් හරි කතා කිරීමෙන් නේද? එක්කෙනෙක් හරි කතා කරන්න ඕන. එතකොට තමයි අනිත් අයත් කතා කරන්නේ.

නාමරූප විඤ්ඤාණ ගැන කතා කරලා වැඩක් නෑ මනුස්ස ගුණධර්මවත් නැතුව....

එතකොට දැන් මේ වගේ පරිසරයක් තුළ අපිට කල්පනා කරන්න තියෙන අවස්ථාව ඔක්කොම පටු වෙනව නම් හිරවෙනව නම් හිතන්න පුළුවන් අවස්ථාව නැත්නම් එතන බුදුරජාණන් වහන්සේගේ ධර්මයට ඉඩක් නෑ. නිකම් නාමරූප විඤ්ඤාණ කතා කරලා ඵලක් නෑ මනුස්ස ගුණධර්මවත් නැත්නම්. ඉතින් ඒ නිසා මනුස්ස

ගුණධර්ම ඇති වෙන්න අපිට තියෙන ඉඩකඩ අඩුයි කියලා ඔන්න අපි පළමුවෙන්ම තේරුම් ගත යුතුයි.

වර්තමානයේ අපට තියෙන නිදහස....

ඊ ළඟට අපි තේරුම් ගත යුතුයි මේ ලැබිලා තියෙන මනුස්ස ජීවිතේ මේ වෙද්දි අපි නිදහසේ කල්පනා කරන මිනිස්සු. දැන් අපි මනුස්ස ජීවිතේ සාමාන්‍ය මනුෂ්‍යයෙක් අත්විඳින්නෙ නැති පුදුමාකාර නිදහසක් භුක්ති විඳිනවා. ඒක ඔබට තේරෙනවාද දන්නෙ නෑ.

නිදහසට ආසා කරපු කෙනාට ලැබුණු දඬුවම....

මේ ලෝකෙ අනිත් මිනිස්සු ගැන ගත්තොත් එහෙම සමහර මනුස්සයන්ට මම දැක්කා අරාබියේ සෞදි වලද කොහෙද එක මුස්ලිම් තාත්තා කෙනෙක් එයා නිදහසට කැමති කෙනෙක්. ඒ තාත්තා මම හිතන්නේ එයාගේ ෆේස්බුක් එකක හරි ටුවිටර් එකක දාලා "මම නිදහසට කැමතියි. ඒ නිසා මම දෙයියෝ කිව්වත් මගේ නිදහස් සිතින් මම කල්පනා කරලා බලන්නේ" කියලා දෙයියෝ කිව්වත් කියලා වචනයක් දාලා. ඒකට වැරදිකාරයා වුණා. වැරදිකාරයා වෙලා කස පහර දාහක් ලැබුවා මේ ගිය සුමානෙද කොහෙද. අවුරුදු විස්සකට හිරේ. ඒ මම නිදහසට කැමතියි කිව්වා කියලා. එතකොට ඒ වගේ රටක නිකම් කොම්පියුටරේ හරහා මම නිදහසට කැමතියි කියල කියපු එකටයි ඒ දඬුවම ලැබුණේ. සෞදි වල.

හිතන්න තියෙන නිදහසත් නැතුව යනවා....

එතකොට බලන්න මනුෂ්‍යයන්ට කල්පනා කරන්න

තියෙන නිදහස අනාගතයේ නැති වෙයිද නැද්ද? නැති වෙනවා. කතා කරන්න තියෙන නිදහස? නැති වෙනවා. ක්‍රියා කරන්න තියෙන නිදහස නැතුව යනවා. ඇඳුමක් අඳින්න තියෙන නිදහස නැතුව යනවා. මේ ඔක්කෝම නැතුව යනවා අනාගත ලෝකෙට. එතකොට ඉතින් දුෂ්ඨකම තමයි පැටවූ ගහන්නේ. වෙන කිසිම දෙයක් නෙමෙයි.

මේ දෙකින් වටින්නේ කෝකද...?

අපි කියමු දැන් අපිට ආදරවන්ත සැමියෙක් ලැබුණා. ආදරවන්ත බිරිඳක් ලැබුණා. ආදායමක් ලැබුණා. වාහනයක් ලැබුණා. බිස්නස් එකක් තියෙනවා. හැබැයි හිතන්න නිදහස නෑ. කතා කරන්න නිදහස නෑ. අඳින්න නිදහස නෑ. ඇවිදින්න නිදහස නෑ. එහෙම නැත්නම් අපිට දුකසේ හොයාගන්න ඕන කෑමබීම. වෙහෙසිලා හොයාග න්න ඕන කෑම බීම. ගෙදරිනුත් ආදරයක් ලැබෙන්නේ නෑ. නමුත් හිතන්න නිදහස තියෙනවා. කතා කරන්න නිදහස තියෙනවා. යන්න නිදහස තියෙනවා. යමක් කරන්න නිදහස තියෙනවා. මේ දෙකින් වටින්නේ කෝකද? දෙවෙනි එක. ඇයි ඒ හේතුව? අපි ඒ නිදහස විඳින නිසා. අපි ඒ නිදහස විඳින නිසා අපි ඒ නිදහස ගැන දන්නවා.

නිදහස විඳින්නෙ නැති පවුලක උපන්නොත්...?

පුංචි කාලේ ඉඳලම එයා නිදහස කියන්නේ මොකක්ද කියලා දන්නෙ නෑ. එයා ලොකු වුණහම කියනවා "හිතන්න නිදහසක් ඕන නෑ. (ඇයි එයා

නිදහසක් ඇතුව ජීවත් වෙච්ච කෙනෙක් නෙමෙයි) කතා කරන්න නිදහසක් ඕන නෑ. වචන වලට නිදහසක් ඕන නෑ. නිදහසේ කතා කරන්න ඕන නෑ. නිදහසේ හිතන්න ඕන නෑ. නිදහසේ අඳින්න ඕන නෑ. නිදහසේ යන්න ඕන නෑ. ඔය හොඳයි" කියන එක කියනවා. අද ඒක කියනවා සමහර රටවල් වල.

මං දැක්කා එක රටක මුස්ලිම් නායකයෙක් කියලා තියෙනවා "මේ කතා කිරීමේ නිදහස ඕන නෑ. මොනවටද" කියලා. ඒ මොකද හේතුව? එයා හැදුනේ වැඩුනේ හිර කූඩුවක. හිර කූඩුවක හැදිච්ච එක්කෙනා දන්නේ හිර කූඩුවේ තත්ත්වය විතරයි. ඉතින් මේ නිසා අපිට මේ ලැබිච්ච නිදහස හැමදාම තියේවි කියල දන්නෙ නෑ. දැන් ඔබට තිබුණා තව නිදහසක් ඔබ ළඟදි පාවිච්චි කළා. මොකක්ද ඒ? කතිර නිදහස. තව පොඩ්ඩෙන් ඒකත් ගැස්සිලා යනවා. එතකොට මේ නිදහස තමයි එකින් එක නැතිවෙලා යන්නේ. එතකොට මේ අවස්ථාවේ අපිට මේ ලැබිච්ච නිදහස අපි තේරුම් ගන්න ඕන මොන විදියටද? නිකම් හිතලා බලන්න.

මේ අන්තිම නිදහස වෙන්න පුළුවනි....

දැන් බලන්න සාමාන්‍ය මනුෂ්‍යයා ගවයා වෙලා උපන්නා නම්, ඊළඟ ආත්මේ ආගමික නිදහසක් නැති කතා කිරීමේ සිතීමේ නිදහසක් නැති පවුලක දරුවෙක් වෙලා උපන්නොත් අපේ මේ කටයුතු සියල්ල හමාරයි නේද? සියල්ල හාන්සියි. එතකොට ඔබට තේරෙන්නේ නැද්ද මේ මනුෂ්‍ය ලෝකය නැති වුණොත් ඊළඟ ආත්මේ එහෙම එකක් වෙන්න පුළුවන්ද බැරිද? පුළුවන් නෙ.

එතකොට අනතුරක් නැද්ද? එහෙනම් වාසිය තියෙන්නේ මේ ලැබිච්ච ජීවිතේ තමයි. මම ඒකයි කිව්වේ ඉස්සෙල්ලා අපි හරියට හඳුනගන්න ඕන අපිට මේ ලැබිලා තියෙන මනුස්ස ජීවිතේ. හඳුනගත්තෙ නැත්නම් මොකද වෙන්නේ? ප්‍රමාද වෙනවා. මේ අවස්ථාව තවත් මීට වඩා හොඳ තැනකට යන්න හදාගන්න ඕන කියන එකට එයා උත්සහවත් වෙන්නෙ නෑ.

නොගිලෙන නැවකට ගොඩවෙන්න ඕන....

අපි කියමු ඔන්න ලොකු නැවක් තියෙනවා. මේ නැව දෙකට කැඩෙනවා. එතකොට මේ නැවේම නායකයෝ බිහි වෙලා මේ නැවේම කණ්ඩායම් බිහි වෙලා මේ නැවේම පෙළපාලි යනවා. මේ නැවේම වැඩ කරනවා. නමුත් මේ නැවේ ස්වභාවය මොකක්ද? ගිලි ගිලී යනවා. එතකොට අපිත් ඒ නැවටම වෙලා හිටියොත් ගිලි ගිලී යනව නේද? අපි කියමු තව නැවක් තියෙනවා ගිලෙන්නෙ නැති. ඒ ගිලෙන්නෙ නැති නැවට බැරිද අදාළ ඉලක්කෙට යන්න. ගිලෙන නැවකට පුළුවන්ද අදාළ ඉලක්කෙට යන්න? බෑ. ගිලෙන්නෙ නැති නැවට අදාළ ඉලක්කෙට යන්න පුළුවන්.

ඒ නිසා මේ කිසිම දේශපාලන රටාවකින් අපිට මේ ගුණධර්ම දියුණු කරන්න පුළුවන් ලෝකෙකට යන්න බෑ. ඒකට යන්න නම් නොගිලෙන නැවකට ගොඩ වෙන්න ඕන. ඒවා ඔක්කොම ගිලෙන නැව්. මොනවයේද ගිලෙන්නේ. අකුසලයේ. මේ අවස්ථාවේ බුද්ධිමත් එක්කෙනා කරන්නේ ඒක නෙමෙයි. බුද්ධිමත් කෙනා මොකක්ද කරන්නේ? බුද්ධිමත් කෙනා නුවණ කියන

එකම පාවිච්චි කරන්න ඕන. නුවණ පාවිච්චි නොකොට මේකෙන් බේරෙන්න බෑ.

ඥානවන්ත වඳුරෙක්....

අර පංචතන්ත්‍රයේ එක කතාවක් තියෙනවා ජම්බු ගහක් තිබුනා ගඟක් අයිනේ. මේ ජම්බු ගහේ හිටියා වඳුරෙක්. එතකොට මේ ගඟේ හිටපු කිඹුලෙක් මේ ජම්බු ගහ ළඟට ඇවිල්ලා අර වඳුරත් එක්ක යාළු වුණා. දැන් ඇයි හොඳයිකම් කතා කරනවා. ඊට පස්සේ වඳුරා ජම්බු කඩලා දෙනවා අර කිඹුලට. කිඹුලා මොකද කළේ මේ ජම්බු ටික කටින් අරගෙන යනවා. ගිහිල්ලා හාමිනේටත් කොටසක් දෙනවා.

දීලා දැන් කකා ඉන්නකොට කිඹුලි යෝජනාවක් කළා. කිඹුලි කිව්වා "මේ ජම්බු මෙච්චර රහනම් ඒ ජම්බු දෙන වඳුරගෙ හදවත කොච්චර රහ ඇද්ද" කියලා. එතකොට කිඹුලා කිව්වා "අනේ මේ උඹ මූසල කතා කියන්න එපා. අපට උදව් කරපු කෙනා නොවැ මේ" කියලා. ඊට පස්සේ කිඹුලිට අසනීප වුණා. කිඹුලි කිව්වා "මට ඔයා දෙන ජම්බු එපා. මට අර වඳුරගෙ හදවත ම ඕනේ" කිව්වා.

කිඹුල් උපාය....

දැන් ඉතින් උපායක් හොයන්නත් එපායැ. දැන් කිඹුලා ගියා. ගිහිල්ලා වඳුරට කිව්වා "අනේ අපේ හාමිනේගෙන් බේරෙන්න බෑ ඔයාව බලන්න ඕනෙ කියලා. ඒ නිසා එක දවසකට මාත් එක්ක ගිහිල්ලා පොඩ්ඩක් ගෙදරට ගොඩවෙලා යං" කිව්වා. ඉතින් වඳුරත්

විශ්වාස කරලා හාය කියලා මොකද කළේ? කිඹුලගෙ පිටේ නැග්ගා.

නැගලා ගඟ මැද්දට අරන් ගිහිල්ලා කිඹුලා හයියෙන් හිනා වුණා. හිනා වෙලා කිව්වා "ආ... උඹ දැන් ඉවරයි නේද?" කියලා. "ඇයි?" කියලා ඇහුවා. "තව පොඩ්ඩකින් අපේ හාමිනේගේ බඩ ඇතුලේ උඹේ හදවත" කිව්වා. "ඒ කොහොමද?" කියලා ඇහුවා. "නෑ... හාමිනේගෙන් බේරෙන්න බෑ ජම්බු මෙච්චර රහ නම් ඒ ජම්බු දෙන වඳුරගෙ හදවත කොච්චර රහ ඇද්ද" කියලා.

හදවත ගහේ එල්ලලා නෙ ආවේ....

එතකොට වඳුරා ඔළුව කහලා කිව්වා "අයියෝ යාළුවා ඇයි මට චූට්ටක් කලින් කිව්වේ නැත්තේ?" "ඇයි?" කියලා ඇහුවා. "හදවත ගහේ එල්ලලා නෙ ආවේ" කිව්වා. ඊට පස්සේ ඇහුවා "එහෙනම් මොකද කරන්නේ?" "අනේ මාව ඇරලවන්න කිව්වා හදවත ගේන්න" ආයේ මොකද කළේ? කිඹුලා එක්කන් ගියා අර ගහ ළඟට. වඳුරා ගහට ගොඩ වෙලා කිව්වා. "දැන් පල කිව්වා ආපහු. මේ පැත්ත පළාතට එන්න එපා" කිව්වා.

එච්චරවත් මොළයක් ඕන....

ආන්න ඒ වඳුරාට තිබ්බ්ච ජාතියේ මොළයක් වත් නැත්නම් මේකෙන් නම් බේරෙන්න හම්බ වෙන්නේ නෑ. ගිලෙනවා මයි. ඇයි කුසල් වඩන්න තියෙන ඉඩකඩ සම්පූර්ණයෙන්ම නැති කරනවා මේ යන රටාවෙන්. ඇයි හැම පැත්තෙන්ම බැලුවොත් එක්කො ද්වේෂයක් හටගනියි. එක්කො ගැටීමක් හටගනියි. එක්කෝ හිතට පීඩාවක් ඇති වෙයි. අසහනයක් ඇති වෙයි. වෙන කිසිම

සැනසිල්ලක් නෑ. ඒ නිසා හරි දේ අපි උපක්‍රමශීලීව තෝරන්න දක්ෂ වුණොත් බේරෙන්න පුළුවන්.

මනුස්ස ලෝකය තුළ ගුණධර්ම රකින්න අවස්ථාව අඩුයි....

දැන් ඔන්න මනුස්ස ලෝකෙට අපි ආවා. දැන් අපි බුදුරජාණන් වහන්සේ සරණ ගියා. දැන් ඔන්න අපිට මනුස්ස ලෝකය තුළ ගුණධර්ම රකින්න තියෙන අවස්ථාව අඩුයි කියලා දැන් මම කටින් කියන්න දෙයක් නෑ. ඇයි හේතුව දැන් ඔබට තේරෙනවා ඒක. ඇයි තමන්ම මේ ගුණධර්ම දියුණු කරන්න හදනකොට ඒකට ඉඩක් නෑ. ඒකට බාධා තමයි තියෙන්නේ. බලාපොරොත්තු නැති තැන්වලින් අසාධාරණකම් සිද්ධ වෙනවා. එතකොට හැමතිස්සේම හිත ගැටෙනවා.

එතකොට එහෙම පෙනෙද්දි අපට සිද්ධ වෙනවා වඩාත් බුද්ධිමත් වෙන්න. එතකොට වඩාත් බුද්ධිමත් වෙන්න මං ඔබට පොඩි උපමාවක් කිව්වා තමන්ගේ ජීවිතේ ගැන මොකක් වගේ තේරුම් ගන්න කියලද? කළයක් වගේ. මැටි කළයක් වගේ. ඇයි මේ කළේට එයා දක්ෂ වෙන්න ඕන වතුර බිංදුව බිංදුව හරි දාගන්න. එහෙම කරලා දැන් ඔන්න මනුස්ස ලෝකෙ ඉඩක් නැත්නම් ඊළඟට කොහේද අපිට ඉඩ තියෙන්නේ?

දෙවියන් අතරට යන්න ඕන....

අපිට හිතන ලේසියෙන් දෙවියන් අතරට යන්න පුළුවන් වෙයිද? බැහැ. හිතන ලේසියෙන් යන්න බෑ. සීයට සීයක්ම අවංක වෙන්න ඕන තමන්ට. බාහිර ලෝකෙට

අවංක වෙලා වැඩක් නෑ. සීයට සීයක් තමන්ට අවංක වෙන්න ඕන. තමන්ගෙ ගමන ගැන අවංක කම තමන්ට තියෙන්න ඕන. තමන්ට මේ අනතුර තේරෙන්න ඕන. මේ මනුස්ස ලෝකෙ පිහිටක් නෑ. අනාගතේ මනුස්සයන්ටත් ඉතාම අනතුරුදායකයි. ගුණධර්ම පරිහානියට පත් වෙව් යන ලෝකයක් කියලා මේ ස්වභාවය තමන්ට තේරෙන්න ඕන.

යෝනිසෝ මනසිකාරය ණයට ගන්න බෑ....

හොඳට මතක තියාගන්න යෝනිසෝ මනසිකාරය කියන එක ණයට ගන්න බෑ. දැන් අපි කියමු කෙනෙක් අපේ බණ පටිම අහනවා. අහ අහ ඉන්නවා. උන්නා කියලා යෝනිසෝ මනසිකාරය ඇති වෙන්නෙ නෑ. පොත් කියවනවා. කියෝ කියෝ ඉන්නවා. නමුත් යෝනිසෝ මනසිකාරය ඇති වෙන්නෙ නෑ. යෝනිසෝ මනසිකාරය කියන එක ණයට ගන්න බෑ. ඒක බාහිර කෙනෙකුට දෙන්නත් බෑ. බාහිර කෙනෙකුගෙන් බලෙන් ගන්නත් බෑ. ඒක කවුද ඇති කරගන්න ඕන? තමන්ම ඇති කරගන්න ඕනෙ තමන්ට තේරෙන පිළිවෙළකින්.

සිඛී බුදුරජාණන් වහන්සේ වෙනුවෙන් චෛත්‍යයක්....

දැන් ඔන්න බලන්න සිඛී බුදුරජාණන් වහන්සේගේ කාලේ සිඛී බුදුරජාණන් වහන්සේ උපන්නේ මේ මහා භද්‍ර කල්පයට කලින්. ගොඩාක් ඈත. ඒ සිඛී බුදුරජාණන් වහන්සේගේ පිරිනිවන් පෑවට පස්සේ උන්වහන්සේගේ සහෝදරයෙක් හිටියා සිඛණ්ඩී කියලා. ඒ සහෝදරයා තමයි ඒ රටේ හිටිය රජ්ජුරුවෝ. ඒ රටේ හිටපු රජතුමා

පිරිනිවන් පාපු සිඛී බුදුරජාණන් වහන්සේගේ ධාතූන් වහන්සේලා තැන්පත් කරලා ලස්සන චෛත්‍යයක් හැදුවා. ඒ චෛත්‍යය හැදුවේ කවුද? සිඛී බුදුරජාණන් වහන්සේගේ සහෝදරයා. ඒ සහෝදරයාගේ නම මොකක්ද? සිඛණ්ඩී.

දැන් දවසක් මේ සහෝදර රජ්ජුරුවෝ මල් පූජාවක් කරනවා මේ චෛත්‍යයට. මල් පූජාවක් කරද්දි ඒ පූජා කරපු මලක් හුළඟට වැටුණා. වැටුණහම මොකද වුණේ? ඒ ළඟ හිටපු මනුස්සයෙක් ඒ මල අරගෙන අර රජ්ජුරුවන්ට දුන්නා. "මෙන්න දේවයන් වහන්ස, මේ මලක් වැටුණා" කියලා. රජ්ජුරුවෝ ඒ මල අතට අරගෙන ආයෙමත් එයාටම දුන්නා "එහෙනම් ඔයාම පූජ කරන්න" කියලා.

එයා ඒ මල ගත්තා....

සාමාන්‍යයෙන් ගත්තු ගමන්ම වෙන කෙනෙක් නම් මොකක්ද කරන්නේ? ආයේ එතනම තිකම් තියනවා. එයා එහෙම කළේ නෑ. එයා මල අතට අරගෙන හොඳට බුදු ගුණ මෙනෙහි කළා. එයාට කවුරුවත් කියා දුන්නෙ නෑ. මං කිව්වේ ඒකයි යෝනිසෝ මනසිකාරය කියන්නේ ණයට ගන්න බැරි දෙයක් කියලා. ඒක කවුරුවත් කියා දුන්නෙ නෑ. එයා තනියම හිතුවා බුදුරජාණන් වහන්සේ ගැන. හිතලා බුදුගුණ මෙනෙහි කර කර මෙනෙහි කර කර අර චෛත්‍යය වටේ මෙයා දැන් මේ මල අරගෙන යනවා. පිටට පේන්නේ මොකක්ද? මෙයා බුදුගුණ මෙනෙහි කරනවා පිටට පේනවාද? නෑ.

පිට කෙනෙකුට පේන්නෙ මොකක්ද? අර බිම වැටිච්ච මල රජ්ජුරුවන්ට මෙයා දුන්නා. ඊට පස්සේ රජ්ජුරුවෝ ආපහු අරගෙන මෙයාට දුන්නා. ඒක පිටට

පෙනුනා. ඊට පස්සේ ඒ මල අරගෙන එයා දැන් වටේ යනවා පිටට පේනවා. නමුත් මෙයා හිතෙන් මොකක්ද කරන්නේ? බුදුගුණ මෙනෙහි කරනවා. ඒ ටික තමයි යෝනිසෝ මනසිකාරය. හිතෙන් බුදුගුණ මෙනෙහි කර කර මෙනෙහි කර කර ගිහිල්ලා පූජා කළා. දැන් මෙයත් මැරුණා. මේ තිස් කල්පයකට කලින්.

ගෞතම බුදුන් කල මනුලොව උපන්නා....

මෙයා කොහොම හරි මේ සසරේ ඇවිදගෙන ඇවිදගෙන ඇවිල්ලා ගෞතම බුදුරජාණන් වහන්සේගේ කාලේ මනුස්ස ලෝකේ උපන්නා. ඉපදිලා බුදුරජාණන් වහන්සේ ළඟ පැවිදි වුණා. පැවිදි වෙලා රහතන් වහන්සේ නමක් වුණා. රහතන් වහන්සේ නමක් වුණාට පස්සේ උන්වහන්සේට ලැබුණා ත්‍රිවිද්‍යාව. ත්‍රිවිද්‍යාව කියන්නේ පුබ්බේනිවාසානුස්සති ඤාණය, පෙර විසූ කඳ පිළිවෙළ දකින නුවණ. චුතූපපාත ඤාණය සහ ආසවක්ඛය ඤාණය.

කල්ප තිහක් සතර අපායේ වැටිලා නෑ....

දැන් පෙර විසූ කඳ පිළිවෙළ මම කලින් ජීවත් වෙලා තියෙන්නේ කොහොමද? කියලා මෙයා ආපස්සට බලනවා. බලද්දි බලද්දි මෙයා සතර අපායේ වැටිලා නෑ කල්ප තිහක්. අර මල පූජා කරපු ජීවිතේ ඉඳලා සතර අපායේ වැටිලා නෑ. එතකොට බලන්න අර යෝනිසෝ මනසිකාරයෙන් කුසල් උපදවා ගත්තු එක තමන්ට දීපු උදව්ව. එතකොට තමන්ට උදව් කළේ පුද්ගලයෙක් නෙමෙයි. යෝනිසෝ මනසිකාරය තුළින් උපන්න කුසලයයි.

උදව් කරන දේ තියෙන්නේ තමන් ළඟ....

අපි හිතන් හිටියොත් අපට අසවලා උදව් කරාවි. අසවල් කෙනා උදව් කරාවි කියලා. නෑ උදව් කරන දේ තියෙන්නේ තමන් ළඟ. තමන් ළඟයි තියෙන්නේ තමන්ට උදව් කරන දේ. මොකක්ද ඒ? යෝනිසෝ මනසිකාරය. තමන් ළඟමයි තමන්ට උදව් කරන දේ තිබෙන්නේ. තමන් ළඟමයි තමන් වනසන දේත් තිබෙන්නේ. මොකක්ද ඒ? අයෝනිසෝ මනසිකාරය. අයෝනිසෝ මනසිකාරයෙන් කල්පනා කරන්න පටන් ගත්තු එක්කෙනාට නූපන් රාගය උපදිනවා. නූපන් ද්වේෂය උපදිනවා. නූපන් මෝහය උපදිනවා. නූපන් භය උපදිනවා. නූපන් මාන්නය උපදිනවා. මේ වගේ මහ කෙලෙස් ගොඩක එයා පැටලුණාට පස්සේ කෙලෙස් නිසා වෙන්න තියෙන දේවල් ඔක්කොම එයාට වෙනවා. කෙලෙසුන් නිසා වෙන්න තියෙන හානිය ඔක්කොම එයාට වෙනවා.

කෙලෙස් නිසා වෙන හානි අවම කරගන්න හරි පුළුවන් වුණොත්....

යෝනිසෝ මනසිකාරයට ආපු එක්කෙනාට යෝනිසෝ මනසිකාරය තුළ එයා කුසල් නම් දියුණු කරන්නේ කුසල් නිසා ලැබෙන්න තියෙන වාසි ඔක්කොම ලැබෙනවා. කෙලෙස් නිසා ජීවිතේට වෙන හානි සම්පූර්ණයෙන්ම දුරු කරගන්න බැරි වෙන්න පුළුවනි. නමුත් හානි අවම කරගෙන අපිට ජීවිතය ගැන රැකවරණය වාසිය ලබාගන්න පුළුවන් දෙයක් අපි කරගත්තොත් හැබැයි ඒක කරලා දෙන්න පුළුවන් කාටද? තමන්ගේ ම යෝනිසෝ මනසිකාරයටයි. ඒක මෙහෙම

තේරුම් ගන්න. දැන් ඉස්සෙල්ලා අපි තේරුම් ගත්තා. අපිට තියෙන්නේ ගුණධර්ම වඩන්න සීමිත අවස්ථාවක්. ඒ කියන්නේ පරිසරයෙන් උදව්වක් නෑ. එතකොට පරිසරයෙන් ලොකු උදව්වක් නැත්නම් අපිට ගන්න තියෙන වීරිය සුළු එකක්ද වැඩි එකක්ද?

මේ වෙද්දි පරිසරයෙන් වාසියකුත් නෑ. තමන්ගෙන් වාසියකුත් නෑ....

දැන් අපි ගමු මෙහෙම. ජීවමාන බුදුරජාණන් වහන්සේත් වැඩ ඉන්නවා. ඔන්න රහතන් වහන්සේලාත් වැඩ ඉන්නවා. රහතන් වහන්සේලාගෙන් නිර්මල ධර්මයත් ඇහෙනවා. තමනුත් දූප්පත් පවුලක වාසය කරනවා. නමුත් හොඳට යෝනිසෝ මනසිකාරය පිහිටන හිතක් ඇතුව. එතකොට පරිසරයෙනුයි තමන්ගෙනුයි දෙකෙන්ම වාසිය නැද්ද? පරිසරයෙනුත් වාසිය තියෙනවා. තමන්ගෙ නුත් වාසිය තියෙනවා.

මේ වෙද්දි පරිසරයෙන් වාසියකුත් නෑ. තමන්ගෙ න් වාසියකුත් නෑ. පරිසරයෙන් වාසියකුත් නැත්නම් තමන්ගෙන් වාසියකුත් නැත්නම් ලේසියෙන් හිතේ පිහිටන්නේ කුසලයද? අකුසලයද? අකුසලය. අකුසලය හිතේ පිහිටියට පස්සේ ඇතුලෙන් වාසියක් නැත්නම් අකුසලය ප්‍රහාණය කිරීමක් නෑ. ඇයි අකුසලය ප්‍රහාණය කරන්න නම් යෝනිසෝ මනසිකාරයෙන් උදව්ව ලැබෙන්න එපායැ. යෝනිසෝ මනසිකාරයෙන් උදව්වක් ලැබෙන්නෙ නැත්නම් කොහොමද එයා අකුසලය ප්‍රහාණය කරන්නේ. ටික ටික අකුසලයට ඇදෙනවා.

ගුණධර්ම ලේසියෙන් පහසුවෙන් උපද්දවන්න බෑ....

මෙන්න මේ අනතුර නිසා මම කිව්වේ ඒකයි මේක හොඳට වටහා ගන්න ඕන කලබල නැතුව. කලබලේට මේවා මොකුත් ගන්න බෑ. දැන් අපට පුරුදු වෙලා තියෙනවා නෙ. දැන් කඩෙන් නම් කලබලේට බඩු ගන්න පුළුවන්. කඩේට ගියා ආප්පයක් දෙන්න ආප්පෙ දාගත්තා. කඩේට ගියා කොත්තුවක් දෙන්න. දාගත්තා. හැමදේම දැන් හදලා ලෑස්ති පිට තියෙනවා. ගියා දාගත්තා. ගෙනිච්චා.

ඔය ක්‍රමයට ගුණධර්ම ලෑස්ති පිට නෑ. ගුණධර්ම හයිබ්‍රිඩ් වෙලා නෑ. ගුණධර්ම එහෙම හයිබ්‍රිඩ් කරලා ගන්නත් බෑ. ඇයි හේතුව? ගුණධර්ම කියන ඒවා කෘතිමව නැත්නම් ලේසියෙන් පහසුවෙන් උපද්දවන දේවල් නෙමෙයි. හැබැයි කාලයක් තිස්සේ ගුණධර්ම උපද්දවපු ගුණධර්ම බලවත් කරපු උත්තමයෝ බුදුරජාණන් වහන්සේ ජීවත්ව වැඩසිටින කාලෙ නම් බොහොම ලේසියෙන් පහසුවෙන් මේ ධර්මය අවබෝධ කරගත්තා.

මාර්ගඵල කාටවත් දෙන්න බෑ....

මේ කාලේ ඒ ලේසි පහසු කතාවක් නෑ. මේ කාලේ කිසි කෙනෙකුට තවත් කෙනෙකුට මාර්ගඵල දෙන්න බෑ. ඒක හොඳට මතක තියාගන්න ඕන කාරණයක්. මාර්ගඵල තව කෙනෙකුට උපද්දවල දෙන්න පුළුවන් බුදුරජාණන් වහන්සේට පමණයි. ඒකට කියනවා නමක්. මාර්ගඵල තව කෙනෙකුට දෙන්න පුළුවන් දේශනාවට නමක් කියනවා. සාමුක්කංසික දේශනා. තෙමේම උසස් බවට පත්කරවන

දෙසුම. ඒ කියන්නේ ඒ දේශනාව බුදුරජාණන් වහන්සේ දේශනා කරනකොට ඒ දේශනාව අහන එක්කෙනා උසස් බවට පත්වෙනවා. ඒකට මොකක්ද කියන්නේ? සාමුක්කංසික දේශනාව.

ඒක බුදුකෙනෙකුට විතරමයි කරන්න පුළුවන්....

තවත් කෙනෙකුට මාර්ගඵල දීම ලෝකෙ වෙන කිසිම කෙනෙකුට කරන්න බෑ. "හා.. මම ඔබට උපකාර කරන්නම්. මම මගඵල දෙන්නම්" කියලා කිසි කෙනෙකුට කරන්න බෑ. ඒක බුද්ධ දේශනා බැලුවහම පේනවා. යම් කිසි කෙනෙකුට ඒක පුළුවන් නම් එයාට අර දේශනාව පුළුවන්. මොකක්ද ඒ? සාමුක්කංසික දේශනාව මේ කාලේ ඉන්න උන්දැලාටත් පුළුවන් නම් එහෙනම් අනිවාර්යයෙන්ම සාරිපුත්ත මහ රහතන් වහන්සේට පුළුවන් විය යුතුයි. මහා මොග්ගල්ලාන මහ රහතන් වහන්සේටත් පුළුවන් විය යුතුයි. මහා කස්සප මහ රහතන් වහන්සේටත් පුළුවන් විය යුතුයි. සාරිපුත්ත මහ රහතන් වහන්සේටත් සාමුක්කංසික දේශනාව බෑ. මොග්ගල්ලාන මහ රහතන් වහන්සේටත් බෑ. මහා කස්සප මහ රහතන් වහන්සේටත් බෑ. එහෙනම් කාටද ඒක පුළුවන්? බුදුරජාණන් වහන්සේට පමණයි.

මට අසවලා මගඵල දුන්නා....

එහෙමනම් අපිට මේ කලබලේට අසවල් තැනින් මගඵල ගන්නවා. අසවල් තැනින් මගඵල ගන්නවා. අසවල් කෙනාගෙන් මගඵල ගන්නවා. අසවල් කෙනාගෙන් පිහිටයි කියලා කරන්න බෑ. ඒ කතාව බුද්ධ වචනෙට

විරුද්ධයි. ඒ නිසා දැන් ඔබ තේරුම් ගන්න කලබලේට ගන්න බෑ. කලබලේට ගත්තු කෙනෙක් නෑ. කලබලේට දෙන්න බෑ. ඒක කාටවත් කරන්න බෑ.

සාමුක්කංසික දේශනාව පුළුවන් බුදු කෙනෙකුට පමණයි. එතකොට බුදු කෙනෙකුට පමණක් නම් සාමුක්කංසික දේශනාව පුළුවන්, වෙන කෙනෙකුට බැරිනම්, ඊට පස්සේ අපිට ඉතුරු වෙන්නේ මොකක්ද? බුදුරජාණන් වහන්සේගේ ධර්මයයි. එතකොට ධර්මය තුළින් පිළිසරණ ලබාගන්න අපේ ඇතුළෙන් උදව් වෙන්නේ මොකක්ද? යෝනිසෝ මනසිකාරය. ඒ යෝනිසෝ මනසිකාරය තුළින් තමයි එයා කල්පනා කළයුත්තේ.

යෝනිසෝ මනසිකාරයෙන් ප්‍රයෝජන ගත්ත හැටි....

බුද්ධ කාලේ ඒ වගේ එකක් වුණා. භික්ෂුවක් වස් කාලේ කුටියක් හදන්න හිතාගෙන ගහක් කපන්න ගියා. ගහක් කපන්න ගියපු වෙලාවේ ඒ ගහේ හිටියා දේවතාවෙක් අරක්ගෙන. ඒ දේවතාවා කිව්වා "භික්ෂුව, මේ ගහ කපන්න එපා. මං මේකේ අරක්ගෙන ඉන්නේ" එතකොට භික්ෂුව කිව්වා "නෑ දෙවිය, ඔබ වෙන ගහක් හොයාගන්න. මං මේක කපනවා. මට කුටිය හදාගන්න වෙන එකක් නෑ" කියලා අර පොරව උස්සපු පාර උස්සපු වේගේ අර පහළට ගහනකොට ඒක නවත්තගන්න බැරුව ගියා.

අන්න ඒ වෙලාවේ ඒ දේවතාවාගේ උකුලේ හිටියා තව දේවදරුවෙක් වඩාගෙන. එයාගේ අතත් කපාගෙන

තමයි පොරව ගහට වැදුනේ. ඊට පස්සේ මෙන්න දෙවියට හිතක් පහළ වුණා. මොකක්ද? "මරන්න ඕන" කියලා. කුසල් ද? අකුසල් ද? ඒ සැණින් ම හිතක් පහළ වුණා "එපා" කියලා. අන්න යෝනිසෝ මනසිකාරයෙන් කරපු දේ. කරන්න ඕන කියලා අකුසලයක් ආවා හිතට. ඊට පස්සේ හිතට ආවා "එපා මං ඉවසනවා. මං මේක කරන්නේ නෑ. මං මරන්නෙ නෑ. මං මේක ගිහිල්ලා බුදුරජාණන් වහන්සේට පැමිණිලි කරනවා"

ගුණධර්ම උපද්දවන්නෙ යෝනිසෝ මනසිකාරයෙන්....

ඔන්න බුදුරජාණන් වහන්සේට පැමිණිලි කරන්න ගියා. ගිහිල්ලා කිව්වා. බුදුරජාණන් වහන්සේ වදාළා " දෙවිය, බොහෝම හොඳයි ඔබ කරපු වැඩේ. ඒ භික්ෂුව ඉතා සීලවන්තයි. බැරිවෙලාවත් ඔබේ අතින් ඒ භික්ෂුව මැරුණා නම් ඔබ නිරයේ" කිව්වා. දැක්කද තමන්ගේ ඒ ආවේගයට ඉඩ නොදී නුවණින් කල්පනා කරපු නිසා ඒ ක්ෂණයේම ඒ අවස්ථාවේම තමන්ට දීපු රැකවරණය. ඒ දෙවියාට රැකවරණය දුන්නේ දෙවියෙක්ද? ඒ දෙවියාට රැකවරණය දුන්නේ කවුද? තමන්ගෙ ගුණයක්. ඒ ගුණය ඉපැද්දෙව්වේ යෝනිසෝ මනසිකාරයෙන්. එතකොට යෝනිසෝ මනසිකාරයෙන් කරන්නේ ගුණය උපදවන එක. දැන් බලන්න එයා තනියම හිතලා සංවර වුණා නෙ. ඒ භික්ෂුවට බැන්නෙත් නෑ. මරන්න පුළුවන් කමක් තිබුණා. ඒ කියන්නේ ඒ දෙවියාට යම්කිසි බලසම්පන්න කමක් තිබුනා ඒ භෞතික ශරීරයකට හානි කරන්න. පුළුවන්කම තියෙද්දි එයා කළේ නෑ.

අනුන්ගෙන් ඉල්ලා ගත නොහැකි එකම දේ....

එතකොට බලන්න මේ මානසිකව අපට තියෙන්න ඕන අන්න ඒ හැකියාව හරි දේ හඳුනාගෙන කිරීමට. ඒක ණයට ගන්න බෑ. අන්න ඒක මතක තියාග න්න. මොකක්ද? යෝනිසෝ මනසිකාරය ණයට ගත නොහැකිය. අනුන්ගෙන් ගත නොහැකිය. යෝනිසෝ මනසිකාරය අනුන්ගෙන් ගන්න බෑ. නුවණින් කල්පනා කිරීම කියන එක ණයට ගන්න අනුන්ගෙන් ගන්න බෑ. නමුත් තමන්ම නුවණින් කල්පනා කරන එක හදාගන්න ඕන හිතලා. අපට යන්තම්වත් ඕක තියෙයි ද? යන්තම්වත් නැද්ද? යන්තම්වත් තියෙන්න පුළුවන්.

යෝනිසෝ මනසිකාරයෙන් ප්‍රයෝජන ගන්න ඕන....

යන්තම්වත් ඒක තියෙන්න පුළුවන් නම් ඒක උදව්වක් මයි. අපි කියමු අපි අන්ධකාරෙ ඉන්නවා. අන්ධකාරෙ ඉන්දෙද්දි අපි ළඟ තියෙනවා එක ගිනිකූරක්. ආලෝකය දල්වගන්න අපිට ඕක පාවිච්චි කරන්න බැරිද? අපිට ආලෝකය දල්වගන්න ඕක පාවිච්චි කරන්න පුළුවන්. එතකොට ආලෝකය දල්වගන්න ඒක පාවිච්චි කළොත් ගිනි ගොඩක් ගහගන්න පුළුවන්. එතකොට අපිට වටපිටාවත් පේනවා. හැමදේම පේනවා. හැබැයි ගිනිකූරක් හැටියට තමයි අපි ළඟ තියෙන්නේ. ඒ වගේ තමයි යෝනිසෝ මනසිකාරය තමන් ළඟ තියෙන්න පුළුවන් තමන් වැඩක් නොගෙන.

බුදුකෙනෙක් ගැන තියෙන පැහැදීම ගොඩාක් උපකාරී වෙනවා....

එතකොට නුවණින් කල්පනා කරලා ඉරිසියා ක්‍රෝධ වෛර යන මේවාට ඉඩ නොදී අපි ඒක ඇති කර ගන්න ඕන තමන්ගේ ජීවිතේට. ඉතින් මේ විදිහට කරගන්න අපිට උදව් වෙන්නේ අපි සරණ ගියපු බුදුරජාණන් වහන්සේ. අපි ඉගෙනගන්න ඕනෙ ඒ බුදුරජාණන් වහන්සේ කොහොමද මේක කළේ කියන එක. මොකද අපි පහදින්න ඕන බුදුරජාණන් වහන්සේ ගැන. හරියට පැහැදුනේ නැති නිසා තමයි ඔය එක එක මිත්‍යා විශ්වාස මිත්‍යා ඇදහිලි මිත්‍යා දේවල් පස්සේ කෙළවරක් නැතුව යන්නේ. හැබැයි තමන්ට භය නැතුව ගිහිල්ලා තමන්ටම වලෙන් ගොඩ එන්න පුළුවන් නම් ඒත් කමක් නෑ. සාමාන්‍යයෙන් කෙනෙක් වළක වැටුණොත් ලේසියෙන් ගොඩ එන්නෙ නෑ ඒ වළේම විඳවනවා. ඉතින් ඒ නිසා තමන්ට බුදු කෙනෙක් ගැන හිත පහදවාගෙන තියාගත්තොත් ඒකේ හරි වාසියක් තියෙනවා.

අතීත රජවරු බණ අහපු හැටි....

ඔබ අහල තියෙනවද මිහින්තලේ කළුදිය පොකුණ ගැන? කළුවර පෝය දවසක කළුදිය පොකුණ අයිනේ කළුබුද්ධ රක්ඛිත කියන රහතන් වහන්සේ කාළකාරාම සූත්‍රය දේශනා කළා කියනවා. ඒ කාළකාරාම සූත්‍රයේ බුදුගුණ විස්තර වෙන්නේ. ඉතින් රාත්‍රියේ පටන් අරගෙන උදේ තමයි හමාර කරලා තියෙන්නේ. එදා රාත්‍රියේ සද්ධාතිස්ස රජ්ජුරුවෝ එතනට ඇවිල්ලා බණ අහන්න. බණ අහන්න ඇවිල්ලා පැත්තකින් හිටගෙන ඉඳලා කවුරුවත් දන්නෙ නෑ.

එළිවෙනකම් හිටගෙන....

ඉතින් කළු බුද්ධරක්ඛිත රහතන් වහන්සේ එළිවෙනකම් ධර්ම දේශනා කරලා දැන් බණ ඉවර වුණාට පස්සේ හැමෝටම ඉහළින් සාධු හඬ දීලා තියෙන්නේ සද්ධාතිස්ස රජ්ජුරුවෝ. සද්ධාතිස්ස රජ්ජුරුවන්ගේ සාධු හඬ ඇහුණා. ඊට පස්සේ සාධුකාර දීගෙන රජ්ජුරුවෝ ඇවිල්ලා වන්දනා කළා. ඊට පස්සේ රහතන් වහන්සේ "රජතුමනි, කොයි වෙලාවෙද මෙහේ ආවේ..?" කියලා ඇහුවා. "ස්වාමීනී, මම ඊයේ බණ පටන් ගත්ත වෙලාවෙමයි ආවේ" කිව්වා. "වාඩි වුණාද..?" කියලා ඇහුවා. "නෑ.. වාඩි වෙන්න තැනක් ලැබුණේ නෑ. මම හිටගෙන හිටියේ" කිව්වා.

පින්වන්ත රජෙක්....

බලන්න රජවරු. ඊට පස්සේ "හිටගෙනම බණ ඇහුවද එළි වෙනකම්? අමාරු නැද්ද?" කියලා ඇහුවා. "අනේ ස්වාමීනී මම තව අහන්න කැමතියි" කිව්වා. මේ සද්ධාතිස්ස රජ්ජුරුවෝ කියනවා "මේ බණ අහන්න පටන් ගත්තු වෙලාවේ මගේ හිත තැන්පත් වුණා. හිත එකඟ වුණා. එක වචනයක් නෑර මම ඇහුවා" කිව්වා. බලන්න පින්වන්ත රජතුමා.

බුදුගුණ කියලා ඉවර කරන්න බෑ....

ඊට පස්සේ ඇහුවා ඒ රජ්ජුරුවෝ "ස්වාමීනී, ඔය දේශනා කළේ බුදුරජාණන් වහන්සේගේ බුදුගුණ කොච්චරක් වගේද..?" කියලා ඇහුවා. කිව්වා "රජතුමනි, මහා ගංගාවක් ගලද්දි කෙනෙක් ඒ වතුර පාරට ඉඳිකට්ටේ

සිදුර තියෙන මූණත අල්ලනවා. ඉදිකටු මූණත වතුර පාරට ඇල්ලුවහම ඒ ඉදිකටු මූණතෙන් යම් වතුර චුට්ටක් නික්මෙනවද අන්න එච්චරයි මං කිව්වේ. අපි වගේ අයට බුදුගුණ කියලා ඉවර කරන්න බෑ" කිව්වා. කවුද මේ කියන්නේ? කළු බුද්ධරක්ඛිත රහතන් වහන්සේ කියන්නේ.

පිරිකරට පූජා කළේ තමන්ගේ රාජ්‍යය....

ඊට පස්සේ රජතුමා කියනවා. "ස්වාමීනී, මට තවත් උපමාවක් කියන්න" ඊට පස්සේ කිව්වා "රජතුමනි, සාගරයකින් වතුර දිය දෝතක් ගත්තොත් ඒ දෝත ඉතා ස්වල්පයයි කිව්වා. සාගරයමයි වැඩි" කිව්වා. "ඒ වගේ මං බුදුගුණ කියපු ප්‍රමාණයත් සාගරයෙන් ගත්ත දිය දෝත වගේ. නොකියපු ප්‍රමාණය සාගර ජලය වගේ" කිව්වා.

ඊට පස්සේ රජ්ජුරුවෝ කිව්වා "ස්වාමීනී, ඔබවහන්සේ මෙබඳු ආකාරයට බුදුගුණ කිව්වා නම් මට තියෙන වටිනාම දේ ඔබවහන්සේට මම පූජා කරනවා" කියලා එවෙලේ සද්ධාතිස්ස රජ්ජුරුවෝ තමන්ගේ ශ්‍රී ලංකා රාජ්‍යය අර රහතන් වහන්සේට පූජා කළා. "ස්වාමීනී මම මේ රාජ්‍යය ඔබවහන්සේට පූජා කරනවා කිව්වා පිරිකර හැටියට". එතකොට කිව්වා "එහෙනම් හොඳයි රජතුමනි, මම ඒ රාජ්‍යය නැවතත් ඔබතුමාටම දෙනවා දැහැමින් මේ රාජ්‍යය කරන්න" කියලා.

බුදුරජාණන් වහන්සේ ගැන පැහැදීම යෝනිසෝ මනසිකාරයට රුකුලක්....

එතකොට බලන්න මේ බුදුගුණ කියන එක අපට

එහෙම විස්තර කරලා ඉවර කරන්න පුළුවන් එකක් නෙමෙයි. ඉවර කරන්න පුළුවන් එකක් නෙවෙයි නම් අපිට තියෙන්නේ අපේ නැණ පමණින් තේරුම් ගන්න එකක් නම් අපි එහෙම තේරුම් අරගෙන සිත පහදවා ගන්න ඕන. පළවෙනි කාරණය ඒකයි.

බුදුරජාණන් වහන්සේ කෙරෙහි හිත පහදවාගත්තාම ඒ පහදවා ගත්ත එකේ වාසිය තියෙන්නේ මොකේටද? යෝනිසෝ මනසිකාරයටයි. හරියට බුද්ධ දේශනාවට පහදව ගත්තොත් ඒ චිත්තප්‍රසාදයෙන් රුකුල් ලබන්නේ කුමක්ද? නුවණින් සැළකීමයි. එතකොට හිතේ පැහැදීමක් හරි විදිහට නැත්නම් අයෝනිසෝ මනසිකාරය හිත වහ ගන්නකොට එයාට ඒකෙන් ගැලවෙන්න බෑ.

පැහැදීමේ වටිනාකම....

දැන් හොඳට හිතේ පැහැදීම තිබුණොත් අයෝනිසෝ මනසිකාරය ආවත් අයෝනිසෝ මනසිකාරයෙන් අකුසල් මෙනෙහි කරත් අර හිතේ පැහැදීම නිසා ආයෙමත් බුද්ධ වචනය මතක් කරනවා. බුදුරජාණන් වහන්සේ මෙහෙම දේශනා කරලා තියෙනව නෙ. මෙහෙම කල්පනා කරලා හරියන්නෙ නෑ. මං අමාරුවේ වැටෙනවා කියලා ආයෙමත් එයා යහපත් මාර්ගයට එනවා.

හැබැයි එයාට එහෙම පැහැදීමක් නැත්නම් බුදුරජාණන් වහන්සේ ගැන, හිතේ හටගත්තොත් අකුසලය ඕකම වරුවක් කල්පනා කර කර ඕකම කියෝ කියෝ ඕකේම ඉන්නවා. ඇයි ඒකෙන් මිදෙන්න හැකියාව නෑ. ඒ හැකියාව ගන්න තියෙන්නේ එකම දේකින්. හිතේ ඇති කරගන්න පැහැදීමෙන්.

කලබල වෙලා කරගත්තු කෙනෙක් නෑ....

ඒ නිසා බුදු කෙනෙක් කෙරෙහි චිත්තප්‍රසාදයක් ඇති කර ගන්නවා කියන්නේ තමන්ගේ ජීවිතයට ලැබෙන ලොකුම සහයෝගය. ලොකුම උපකාරය. එතකොට තමන්ට නෙමෙයි තමන් තැන දෙන්නේ. තමන්ගේ මාන්නයට තැන දීලා වැඩක් නෑ. "මම මේක කොහොම හරි කරගන්නවා. මම මේක කොහොමහරි කරගන්නවා" කියල කරගත්තු කෙනෙක් නෑ. එහෙම මේ කාලේ කරන්න බෑ.

බුද්ධ කාලේ නම් පුළුවන්....

ඇයි ශාස්තෘන් වහන්සේ පෙනි පෙනී ඉන්නවා. රහතන් වහන්සේලා පෙනි පෙනී ඉන්නවා. ඒ කාලෙට පුළුවන් කරන්න. ඒ බුදුරජාණන් වහන්සේගේ කාලේ හොඳට වීරිය ගන්න පුළුවන්. මේ කාලේ එහෙම නෑ. එහෙනම් මේ කාලේ වීරිය ගන්නත් අමාරු නම් ඊ ළඟට පරිසරයෙනුත් උපකාරයක් නැත්නම් අපි නිකම් ආටෝපෙට කතා කරලා වැඩක් නෑ. ඇයි ආටෝපයට කතා කළා කියලා ඇත්ත ඉදිරියේ ආටෝපය පුස් වෙන්නේ නැද්ද? ආටෝපෙන් අපි කොච්චර කියාගෙන හිටියත් " අපි ගුණවන්තයි අපි නම් මේ ගත්තු දේ අතහරින්නේ නෑ. මම නම් මේ ධර්ම මාර්ගය අතඅරින්නෙ නෑ" කියලා අපි කියාගෙන ගිහිල්ලා ආටෝපෙට තමන්වත් දන්නෙ නෑ තමන් අතඇරපු තැන.

ඉතාම ප්‍රවේශමෙන් යන්න ඕන ගමනක් මේක....

ධර්ම මාර්ගය තුළ කවදාවත් "මම නම් මේක

අතඅරින්නෙ නෑ. මම නම් මේක කරනවා" කියලා එක්කෙනෙක් පෙන්නන්න එහෙම කරගත්තු. කිසි කෙනෙක් නෑ. එක්කෙනෙකුටවත් බෑ. ඇයි බැරි? මේ වෙද්දි අර අනාගත වාක්‍යය ඉෂ්ඨ වේගෙන යන්නේ. දැන් මනුෂ්‍යයා ගුණධර්ම වලින් පරිහානියට පත් වෙන්න පත් වෙන්න ගුණධර්ම දුර්වල වෙන්න දුර්වල වෙන්න මේ බාහිර ලෝකෙ සියල්ල තියෙන්නේ බුදුරජාණන් වහන්සේ යමෙක් පැරැද්දුවාද එයාගේ වසඟයේ. බෝධි මූලයේ බුදුරජාණන් වහන්සේ සේනා සහිත වූ යම්කිසි කෙනෙකුව පැරැද්දුවාද එයාගේ වසඟයේ දැන් ලෝකෙ තියෙන්නේ.

එයාගේ වසඟය මොකක්ද...?

එයා කියනවා එක්තරා අවස්ථාවක දෑස නැතිවද මට සියල්ල පෙනේ. සවන් නැතුවද මට සියල්ල ඇසේ. එහෙනම් මේ හැම දෙයක්ම ඇහෙනවා. දෑස නැතිවද සියල්ල පෙනේ. සවන් නැතිවද සියල්ල ඇසේ. මම හැම තැනම සිටිමි. ඕක තියෙන්නේ මිසදිටු පොතක. එතකොට බලන්න තත්වය. ඉතින් එබඳු ලෝකයක දැන් කවුරුහරි කියනවා මම නම් කරගන්නවා මේක. කාටද ඉස්සෙල්ලාම ඇහෙන්නේ. ඔහුටයි. මම නම් කරනවා කියලා එයා වීරිය අරගෙන වාඩි වෙනවා කාටද ඉස්සෙල්ලාම පේන්නේ. ඔහුටයි. ඉතින් ඒ නිසා මේ සියල්ල අඳුනාගෙන අපි විශ්වාසය තියාගන්න ඕන කා ගැනද? ඒ බුදුරජාණන් වහන්සේ ගැන.

බුදුරජාණන් වහන්සේ තමයි මේ මාර්ගය පෙන්වා දීමට දක්ෂ....

ඇයි උන්වහන්සේ තමයි උපාය දේශනා කළේ.

උන්වහන්සේ තමයි ක්‍රම දේශනා කළේ. උන්වහන්සේ තමයි මේ මාර්ගය දන්නේ. උන්වහන්සේ තමයි මාර්ගය පැවසීමට දක්ෂ. උන්වහන්සේ තමයි ඒ මාර්ගයේ නිර්මාතෘ. ඒ නිසා උන්වහන්සේගේ දැනුම ලෝකයේ කිසි කෙනෙකුට සම කරන්න බෑ. වෙන කිසිම කෙනෙක් මාර්ගයේ දක්ෂ නෑ. උන්වහන්සේ තමයි මාර්ගයේ දක්ෂ. මාර්ගයේ නිර්මාතෘ.

දැන් උන්වහන්සේ එක් තැනක ප්‍රශංසා කළා සාරිපුත්තයන් වහන්සේට. සාරිපුත්තයන් වහන්සේ තමයි කිව්වා ධර්මචක්‍රය ඒ විදිහටම කරකවන්නේ. ඇතැම් අවස්ථාවලදි සාරිපුත්ත මහ රහතන් වහන්සේ පවා පසුබෑ අවස්ථා තියෙනවා. නමුත් බුදුරජාණන් වහන්සේගේ එහෙම මුකුත් නෑ. ඉතින් ඒ නිසා ඒ ශාස්තෘත්වය අපි සරණ ගිය ශාස්තෘන් වහන්සේ ගැන නිහතමානීව අපි තේරුම් ගන්න ඕන. ඒ තේරුම් ගැනිල්ලෙන් තමයි අපිට මේ දහම තුළ රැඳෙන්න අවස්ථාව ලබාගන්න පුළුවන් වෙන්නේ.

සැප අඩුයි... දුක් ගොඩායි...

ඒ නිසා අද මේ කියාපු කරුණු වලින් ඔබ තේරුම් ගන්න අපි මොනව හරි පෙර ආත්මේ කරපු යම්කිසි පින්පව් වල තියෙන ස්වභාවය අනුව අපි මේ ආත්මේ උපන්නා. මේ ආත්මේ ඉපදිලා අපි සැපදුක් දෙකම විඳිනවා. සමහර කෙනෙකුට සැප ස්වල්පයක් ඇති. දුක් ගොඩක් ඇති. සමහර කෙනෙකුට සැපදුක් මධ්‍යස්ථව ඇති. සැප වැඩියි දුක් අඩුයි කියලා නම් කියන්න බෑ. සාමාන්‍යයෙන් තියෙන්නේ එක්කෝ සැප ටිකක් ඇති. දුක් ගොඩක් ඇති. එහෙම නැත්නම් ඒ දෙකම සමව

ඇති. එහෙම නැත්නම් සැපක් කියන එකක් මාත්‍රයක් ජීවිතේ ලබලා නැතුව ඇති. සමහරු දුකෙන්ම ජීවිතේ ගෙවනවා ඇති. එහෙම ජීවිත තමයි අපි මේ මනුෂ්‍ය ආත්මෙට ඇවිල්ලා ලබාගෙන ඉන්නේ.

නැග ගත්තොත් දහම් නැවට - ආයෙත් නොවැටේ සසරට....

අපි ඉස්සරහට බුද්ධ දේශනාවල් ඉගෙන ගනිද්දි අපිට මේ හිතේ ස්වභාවය මොකක්ද? මොන වගේ ඉරණමක් කරාද අපිට යන්න තියෙන්නේ. එතකොට මේ නෑදෑයෝ මේ ළමයි දරුමුණුබුරෝ වටේ ඉන්න අය කවුරුවත් අපිට උදව් කරයි ද? නැත්නම් සංසාරේ මේගොල්ලෝ අපිට වධ දෙන්න ඇවිල්ලද පස්සෙන්. අපිට මේවා ඔක්කොම තේරුම් ගන්න පුළුවන් වේවි. එහෙම තේරුම් අරගෙන අපිට මේ ඉඩ ලැබෙන වෙලාවේ පිනුත් කරගෙන අපි ගිලෙන්නෙ නැති ධර්මයෙන් හැදූ දේකට ගොඩ වෙලා මේ ගමන යන්තම් යාගන්න අපිට වාසනාව ලැබේවා! කියලා අදහස් කරගන්න.

සාදු! සාදු!! සාදු!!!

02.

සවස් වරුවේ ධර්ම දේශනය...

ශ්‍රද්ධාවන්ත පින්වත්නි,

අපි බුදුරජාණන් වහන්සේව සරණ ගියා. එතකොට ඒ සරණ ගිය බුදුරජාණන් වහන්සේ ගැන අපිට හරි අවබෝධයක් නොතිබුණොත් ඒ කියන්නේ උන්වහන්සේ කෙරෙහි අපි තුළ කරුණු සහිත වූ පැහැදීමක් නොතිබුණොත් අපේ ජීවිතේ අඩුපාඩු සිදු වෙච්ච වෙලාවට ඒ අඩුපාඩු වලින් තමන්ට ම නැගිටින්න හැකියාවක් ඇතිවෙන්නේ නෑ. වචනයෙන් අපිට වරදින්න බැරිද? සිතෙන් අකුසල් හටගන්න බැරිද? කයෙන් වුණත් අකුසල් හටගන්න බැරිද? එබඳු අවස්ථාවක අපිට මග පෙන්වන්නේ ඒ බුදුරජාණන් වහන්සේ අවබෝධයෙන්ම දේශනා කරපු ධර්මයයි. එතකොට ඒ උන්වහන්සේගේ අවබෝධය මොන වගේ පැති වලට විහිදිච්ච එකක්ද මොන වගේ එකක්ද කියලා අපි තේරුම් අරගෙන සිටීම අපිට බොහොම උපකාරී වන එකක්.

ගුරු උපදෙස් රහිත වූ අවබෝධය....

මොකද උන්වහන්සේ ගුරුපදේශ නැතුව ඒ කිව්වේ බාහිර කෙනෙකුගේ උදව්වක් උපකාරයක් සහායක්

නැතුව තමන්ගේ හිතේ තියෙන සියලු අකුසල් ප්‍රහාණය වෙලා යන ආකාරයට ආර්ය අෂ්ටාංගික මාර්ගය දියුණු කරගත්තා කියලා කියන්නේ මේ ලෝකෙ සිද්ධ වෙච්ච ඉතාම පුදුම සහගත දෙයක්.

දැන් අපි ගමු අපෙන් කවුරුහරි ආර්ය අෂ්ටාංගික මාර්ගය කුමක්ද කියලා ඇහුවහම දැන් අපි කියනවා සම්මා දිට්ඨි, සම්මා සංකප්ප, සම්මා වාචා, සම්මා කම්මන්ත. සම්මා ආජීව, සම්මා වායාම, සම්මා සති, සම්මා සමාධි කියලා. නමුත් ඒ කිසිම දෙයක් දන්නෙ නැති එක්කෙනෙක් ඒක අහපු නැති කෙනෙක් පොතක් පතක් නැතුව කියලා දෙන්න කෙනෙකුත් නැතුව හිතෙන්ම ගලප ගලප මේවා කොටස් අටකට බෙදාගෙන මේක තමයි සම්මා දිට්ඨිය මේක තමයි සම්මා සංකල්පය, මේක තමයි සම්මා වාචා, මේක තමයි සම්මා කම්මන්තය ආදී වශයෙන් මේවා කොටස් වලට බෙදාගෙන ඒවා තනියම පුරුදු කරන එක හිතන්න පුළුවන් දෙයක්ද? බාහිර කෙනෙකුට හිතන්න බැරි එකක්.

සම්මා සම්බුදු නොවන අයත් තමන් සම්මා සම්බුදුයි කියලා කියාගෙන ගියා....

මේක හිතන්න පුළුවන් නම් තනියම ඊට කලිනුත් තනියම කරගන්න පුළුවන් වෙන්න ඕන කාටත්. එහෙම මේ යුගයේ කවුරුවත්ම හිටියේ නෑ. එතකොට බුද්ධ කාලේ දැන් බුදුරජාණන් වහන්සේ සම්මා සම්බුදුයි කියලා ජනයා මැදට ඇවිල්ලා ප්‍රකාශ කළානෙ. උන්වහන්සේ දේශනා කළා උන්වහන්සේ සම්බුදුයි. ගුරූපදේශ රහිතව අවබෝධ කළේ කියලා. ඒ කාලෙම තවත් හිටියා

පිරිසක් සම්බුදුයි කියලා කියාගත්තු. ඒ කවුද? නිගණ්ඨ නාතපුත්ත, සංජය බෙල්ලට්ඨිපුත්ත. අජිත කේශකම්බල, පකුධ කච්චායන. මක්ඛලී ගෝසාල, මේ වගේ පිරිස්. ඒගොල්ලොත් තනියම කියාගෙන ගියා මොකක්ද? අපිත් සම්මා සම්බුද්ධයි කියලා.

මොකක්ද මේකට හේතුව...?

ඉතින් බුදුරජාණන් වහන්සේගෙන් අහනවා එක්තරා අවස්ථාවක මහා චුන්ද රහතන් වහන්සේ. "භාග්‍යවතුන් වහන්ස, සම්මා සම්බුදු නොවන අයත් මොකද මේ සම්මා සම්බුදුයි කියලා තමන් ගැන කියාගන්නේ..?" කියලා ඇහුවා. සම්මා සම්බුද්ධ නොවන අයත් සම්මා සම්බුද්ධ කියලා කියාගන්නේ ඇයි කියලා ඇහුවා. දැන් සම්මා සම්බුද්ධ කියන වචනේ සමාජය තුළ සම්මා සම්බුද්ධ කෙනෙක් විග්‍රහ නොකරන්න සාමාන්‍ය මනුෂ්‍යයාට පුළුවන්ද සම්මා සම්බුද්ධ කියන වචනෙ තෝරගන්න. බෑ. එතකොට සම්මා සම්බුද්ධ කියන වචනෙ විග්‍රහ කරාට පස්සෙ තමයි අනිත් අය අඳුනගන්නෙ මේ තමයි සම්මා සම්බුද්ධ. එතකොට ඒ විග්‍රහ කිරීම නිසා සම්මා සම්බුද්ධ නොවන කෙනාව හඳුනගන්න පුළුවන්. සම්මා සම්බුදු කෙනෙක් සම්මා සම්බුද්ධත්වය විග්‍රහ කිරීම නිසා සම්මා සම්බුදු නොවන අය හඳුනගන්න පුළුවන්.

අවිද්‍යාව නමැති ස්වභාවය අති විශාලයි....

එවෙලේ චුන්ද රහතන් වහන්සේට බුදුරජාණන් වහන්සේ වදාරනවා. "මහතී බෝ චුන්ද අවිජ්ජා ධාතු" "චුන්දය, මේ අවිද්‍යාව නමැති ස්වභාවය අතිවිශාලයි "කියනවා. ඔන්න දීපු උත්තරේ. සම්මා සම්බුදුයි කියලා

සම්මා සම්බුදු නොවන අය කියන්නේ මේ හේතුව නිසයි. දැනුත් මේ කාලේ ලෝකයේ රහත් කියලා කියනවා නෙ එක එක්කෙනා. තායිලන්තේ මේ අදහස බොහෝම සැරේට තියෙනවා. ඇයි එහෙම කියන්නේ? මේකට හේතුව අවිද්‍යාව. අවිද්‍යා ධාතුව අති විශාලයි කිව්වා.

අවිද්‍යාව නමැති බිත්තර කටුව බිඳගෙන පළමුවෙන්ම එළියට ආපු කෙනා....

එක්තරා අවස්ථාවක බුදුරජාණන් වහන්සේ භික්ෂූන්ගෙන් අහනවා "මහණෙනි, බිත්තර ගොඩක් තියෙනවා එක තැනක. මේ බිත්තර සමූහයෙන් ඉස්සෙල්ලාම බිත්තර කටුව පළාගෙන යම් සතෙක් එළියට ආවොත් අර පිරිස අතර ඔහු වැඩිමල් නැද්ද? ඔහු ශ්‍රේෂ්ඨ නැද්ද? ඔහු ජ්‍යෙෂ්ඨ නැද්ද? ඔහු තමයි ජ්‍යෙෂ්ඨ කෙනා වැඩිමලා" ඉතින් බුදුරජාණන් වහන්සේ වදාළා " මහණෙනි, මම ලෝකයේ ජ්‍යෙෂ්ඨ වුණේ ශ්‍රේෂ්ඨ වුණේ ඔතනින්" කිව්වා. මොකක්ද? ගුරූපදේශයක් නැතුව තනියම අවිද්‍යාව සිඳ බිඳගෙන විද්‍යාව පහළ කරගත්තු එක.

සාමාන්‍ය පරිසරය තුළ තියෙන්නේ මුළාවට පත්වෙන දේවල් ම යි....

අවිද්‍යාව සිඳ බිඳගෙන විද්‍යාව පහළ කරගන්නවා කියන්නේ අතිශයින්ම විස්මය ජනක දෙයක්. ඇයි සාමාන්‍ය පරිසරය තුළ විද්‍යාව පහළ කරන්න ඉඩක් නෑ. මුළාවට එන දේවල් ම යි කියන්නේ. මුළාවට පත්වෙන දේවල් ම නෙමෙයිද මේ ලෝකෙ කියන්නේ. පේන්න තියෙන්නේ මුළාවට පත්වෙන දේවල්. අහන්න තියෙන්නේ මුළාවට

පත්වෙන දේවල්. හැම තිස්සේම මුළාවට පත්වෙන දේවල් තියෙන්නේ.

උදාහරණයක් අපි කියමු තේරෙන්න. ඔන්න එක කාලයක් කිව්වා "පොල්තෙල් කන්න එපා. ලෙඩ හැදෙනවා" කිව්වට පස්සේ මුළා වුණේ නැද්ද මිනිස්සු. පොල්තෙල් කෑම නැවැත්තුවා. දැන් කියනවා "පොල්තෙල් හොඳයි" දැන් අපි පොල්තෙල් කන්න ගන්නවා. කාලයක් කිව්වා "ෆ්ලෝරයිඩ් තියෙන දන්තාලේපයකින් මදින්න. දත් වලට හරි හොඳයි" දැන් කියනවා "ෆ්ලෝරයිඩ් නැති ඒවයින් මදින්න" දැන් මේ මුළාව නෙමෙයිද? එතකොට කන බොන දේවල් වලටත් මෙහෙම මුළාවක් නම් එක කාලෙක හොඳයි කියනවා. ආයෙමත් ඒකම ගන්න එපා කියනවා. ඒකම නරකයි කියනවා. එතකොට මේ වගේ මුළාවට පත්වෙනවා නම් අපි හැම දේකින්ම, අපිට මේ යථාර්ථය දකිනවා කියන එක හිතන්න බැරි එකක්.

පුරා දස පාරමී ගුණදම්....

මේ නිසා තමයි බුදුවරු මේ ධර්ම මාර්ගයේ පෙරුම් පුර පුරා පෙරුම් පුර පුරා (පෙරුම් පුරනවා කියන්නේ කැප වෙනවා කියන එක. තිකම් වචනයෙන් කියන එකක් නෙමෙයි) ඒ වෙනුවෙන්ම කැප වෙලා ගියපු අය. ඒ වෙනුවෙන් කැප වෙච්ච අය තමයි කාලයාගේ ඇවෑමෙන් ඒ ධර්මය අවබෝධ කිරීම සඳහා මෝරල ගියේ.

ප්‍රාර්ථනාවකින් ප්‍රතිඵල ලබන්න බෑ....

තවත් අවස්ථාවක බුදුරජාණන් වහන්සේ පෙන්වා දෙනවා කැපවීම ගැන. "මහණෙනි, කිකිළියක් බිත්තර

දානවා. බිත්තර දාලා කිකිළි බිත්තර රකින්නෙ නෑ. කිකිළි විනෝදෙන් ඉන්නවා ඇවිද ඇවිද. නමුත් කිකිළිට අපේක්ෂාවක් තියෙනවා බිත්තර මෝරලා පැටව් බිහි වේවා කියලා. කිකිළිගේ අපේක්ෂාව තිබ්බා කියලා පැටව් බිහි වෙනවාද" කියලා ඇහුවා. පැටව් බිහි වෙන්නේ නෑ. මොකද හේතුව? පැටව් බිහි වෙන ක්‍රමේ බිත්තර දාලා විවේකෙන් ඉන්න කෙනෙක් නෙමෙයි. මොකක්ද? ඒ දාපු බිත්තරේ රකින එක.

ප්‍රතිඵල ලැබෙන්නේ ක්‍රියාවෙන්....

තව කිකිළියක් ඉන්නවා මේ අද හෙට පැටව් ලැබේවා කියලා අදහසක් නෑ. නමුත් ඒ කිකිළි මොකක්ද කරන්නේ? බිත්තරේ වෙලාවට රකිනවා. බිත්තරේ රකිනකොට බිත්තරේට අවශ්‍ය දේ ලැබෙනවා. ඒකේ තියෙනවා බිත්තරේට අවශ්‍යය දේ. අර කිකිළිගේ උණුසුම. ඒ කිකිළිගේ උණුසුමත් එක්ක කිකිළිගේ ස්පර්ශයයි කිකිළිගේ ඇඟෙන් එන කුකුල් ගඳයි ඔය ටික බිත්තරේට ලැබෙන කොට බිත්තරේ හෙමින් හෙමින් මෝරනවා. මෝරනකොට පැටියා එනවා.

ගුණධර්ම කටින් කෑ ගහලා ගන්න බෑ....

එතකොට ඒ බුදුරජාණන් වහන්සේගේ උපමාවලින් තේරෙන්නෙ නැද්ද මේක ප්‍රාර්ථනාවකින් ලබන්න බෑ කියලා. අපිට ප්‍රාර්ථනාවකින් වෙන දෙයක් ලබන්න පුළුවන්ද? ගහක ගෙඩියක් ලබන්න පුළුවන්ද ප්‍රාර්ථනාවකින්? බෑ. මලක්? බෑ. නිරෝගිකම? බෑ. ඇඳුමක් හෝදන එක? බෑ. බතක් උයාගන්න එක ප්‍රාර්ථනාවකින් පුළුවන්ද? හාල් ටික හෝදලා ලිපේ තියලා ලිප පත්තු

කරන්නෙ නැතුව ප්‍රාර්ථනා කරනවා "බත පැසේවා" කියලා. බත වෙලාවට ඉදෙයිද? නෑ.

බත ඉදවගන්න කැමති කෙනා ඒ බත ඉදෙන්න උවමනා කරන ටික එයා නිශ්ශබ්දව කරන්න ඕන. රටටම අඬබෙර ගහලා "ඔන්න බලන්න මං අද බතක් උයනවා" කියලා එයා අලුත් මුට්ටියකුත් ගෙනල්ලා ලිපත් හදලා හාලුත් ගරලා හැමෝටම කිය කිය විනෝදෙන් ඉන්නවා. "දැන් බත ඉදෙයි. මං ඔක්කෝම ලෑස්ති කරලා තියෙන්නේ" හැබැයි ගින්දර දැම්මේ නෑ. බත ඉදෙයිද? ආන්න ඒ වගේ අපිට කවදාවත් මේ ගුණධර්ම කියන ඒවා කටින් කෑ ගහලා ගන්න බෑ.

දහම් දෙසන්නට පසුබට වුනා....

දැන් බලන්න බුදුරජාණන් වහන්සේ ධර්ම දේශනා කළේ මොන විදිහටද කියලා අපිට තේරුම් ගන්න පුළුවන් උන්වහන්සේ සම්බුද්ධත්වයට පත් වෙලා ධර්මය දේශනා කරන්න ඉස්සෙල්ලාම පසුබට වුණානෙ. පසුබට වෙන්න හේතුව මොකක්ද? උන්වහන්සේ රාජායතන අජපාල නුගරුක ළඟට ඇවිල්ලා එතනදි තමයි උන්වහන්සේ කල්පනා කළේ මං මේ අවබෝධ කරගත්තු ධර්මය බොහෝම සියුම්. ගැඹුරුයි. නමුත් මේ ධර්මය තෘෂ්ණාවේ බැසගත්තු තෘෂ්ණාවෙන්ම සතුටු වෙවී ඉන්න මේ මිනිස්සුන්ට අවබෝධ කරගන්න පුළුවන් වේවිද? මං මේ ධර්මය කියන්න ගියොත් මට වෙහෙසක් වේවිද? මිනිස්සු අවබෝධ කරගන්න එකක් නැද්ද? එතකොට මේ මනුස්ස ලෝකෙ මේක දන්නේ නැති වුණාට බලාගෙන හිටියා වෙන ලෝකෙක. ඒ කොහේද? දෙවියන් බඹුන් බලාගෙන හිටියා.

කලින් බුද්ධ ශාසනේක සහක කියන භික්ෂුව....

ඒ බුදුරජාණන් වහන්සේ සම්බුද්ධත්වයට පත්වෙනකොටත් මිනිස් ලෝකෙ මිනිස්සු දන්නෙ නෑ මේ බුදු කෙනෙක් පහළ වුණා කියලා. හැබැයි ඒක දෙවිවරු දන්නවා. බ්‍රහ්මරාජයොත් දන්නවා. නමුත් ඒගොල්ලො දැන් බලාපොරොත්තුවෙන් ඉන්නවා ධර්ම දේශනා කරනකම්. නමුත් උන්වහන්සේ සූදානම් නෑ. එතකොට සහම්පතී බ්‍රහ්මරාජයා, සහම්පතී බ්‍රහ්මරාජයා පෙර ආත්මේ භික්ෂුවක්. කලින් බුද්ධ ශාසනේක සහක කියන භික්ෂුව. සහක කියන අනාගාමී භික්ෂුව තමයි බඹලොව උපන්නේ සහම්පතී බ්‍රහ්මරාජයා වෙලා. ඒක දේශනාවේ තියෙනවා. එතකොට මේක නොදන්න අය හිතනවා මේකට හින්දු සංකල්පයක් රිංගෙව්වා කියලා. මේ බ්‍රහ්මරාජයෙක් සම්බන්ධ කරලා. අහපු නැති අය, ධර්මය හොඳට කියවපු නැති අය, බාගෙට කියවපු අය හිතන්න පුළුවන් මොකටද ධර්මය දේශනා කරන්න බ්‍රහ්මයෙක් මැදිහත් කරගත්තේ මේකට කියලා.

සෝක නැති මුනිඳාණෙනි, මේ ශෝකී ප්‍රජාව දෙස බලන්න....

ඉතින් ඒ සහම්පතී බ්‍රහ්මරාජයා ඇවිල්ලා කියනවා. "අනේ මේ ලෝකය නැසී යාවි. ලෝකය වැනසී යාවි. බුදුරජාණන් වහන්සේට මේ ධර්මය දේශනා කරන්න හිත නැමෙන්නෙ නෑ" කියලා සහම්පතී බ්‍රහ්මරාජයා ඇවිදින් ආරාධනා කරනවා. ආරාධනා කරලා කියනවා "අනේ ස්වාමීනී භාග්‍යවතුන් වහන්ස, මේ මගධ ජනපදයේ

අපිරිසිදු කෙලෙස් සහිත අය තමයි මෙතෙක් කල් ධර්මය කිව්වේ. ඒ නිසා ඔබවහන්සේ ප්‍රඥාවෙන් කළ ප්‍රාසාදයට නැගලා මේ දුක්ඛිත ලෝක සත්වයා දෙස බලන්න. සෝක නැති මුනිඳාණෙනි, මේ ශෝකී ප්‍රජාව දෙස බලන්න. ණය නැත්තාණෙනි, ගැල්කරුවාණෙනි, මහා වීරයාණෙනි, නැගී සිටිනු මැනව. මේ ලෝකයාට ධර්මය දේශනා කරනු පිණිස හැසිරෙනු මැනව. මේ ලෝකයේ ධර්මය අවබෝධ කරන්නෝ පහළ වන්නාහුය" කියලා කිව්වා.

දසබලධාරී අප මුනිඳාණෝ....

ඉතින් බුදුරජාණන් වහන්සේ බුදු ඇසින් ලෝකය දිහා බලලා තීරණය කළා දැන් ධර්මය දේශනා කරන්න ඕනෙයි කියලා. ඊට පස්සේ උන්වහන්සේ ධර්මය දේශනා කරන්න පෙළඹුණා. ඒ ධර්මය දේශනා කරන්න උන්වහන්සේ පෙළඹෙද්දි සම්බුද්ධත්වයට පත් වෙලා ලැබිච්ච බල දහයක් තමයි උන්වහන්සේ ගේ ධර්ම දේශනාවෙදි පාදක වුණේ. ඒ බල දහයට කියනවා දස බල කියලා. ඒ බල දහයෙන් යුක්ත නිසා කියනවා දසබලධාරී කියලා. ඊ ළඟට උන්වහන්සේට තිබුණා ඒ බල දහයයි විශාරද ඤාණ හතරයි. එතකොට මං අද ඔබට ඒ බල දහය ඉඩ ලැබෙන විදිහට කියාදෙන්න බලාපොරොත්තු වෙනවා.

අවාසනාවන්ත පුද්ගලයෙක්....

උන්වහන්සේ මේ දසබල ගැන විස්තර කරන්න හේතු වුන සිදුවීම මහා සිංහනාද සූත්‍රයේ පෙන්වා දෙනවා. විශාලා ජනපදයේ හිටපු ලිච්ඡවී කුමාරයෙක් උන්වහන්සේ

ළඟ පැවිදි වුණා. එයාගේ නම සුනක්ඛත්ත. පැවිදි වෙලා උන්වහන්සේට උපස්ථානත් කළා. පිටිපස්සෙනුත් ගියා. ළඟත් හිටියා. නමුත් උන්වහන්සේගේ සම්බුද්ධත්වය ගැන පැහැදුනේ නෑ. එතකොට පේනවද දැන් බුදුරජාණන් වහන්සේ මහා පුරුෂ ලක්ෂණ තිස් දෙකකින් හිටියා. එතකොට ඒ මහා පුරුෂ ලක්ෂණ තිස් දෙක දිහා බලලා සමහරු පැහැදුනේ.

සසරේ රැස්කළ පින්වල මහිමෙන් - මහා පුරිස් සළකුණු ඇත්තේ....

ඒ කියන්නේ දැන් සමහර ඔය බාවරී වගේ බ්‍රාහ්මණවරු සම්බුද්ධ කියන වචනෙ ඇහෙන කොට එයාගේ අජිත මානවකයා ඇතුළු ශිෂ්‍යයෝ දහසය දෙනාට කිව්වා "ඔබ යන්න. ගිහිල්ලා ඒ සම්බුදුරජාණන් වහන්සේව බැහැදකින්න" කිව්වා. එතකොට බාවරීගෙන් අහනවා "හරි අපට යන්න පුළුවන්. අපිට එතුමා මුණගැහෙන්නත් පුළුවන්. නමුත් අපි කොහොමද දන්නේ එතුමා සම්බුද්ධයි" කියලා. එතකොට කිව්වා "සම්බුදු රජාණන් වහන්සේ නමකට තියෙනවා ශාරීරිකව දකින්න පුළුවන් අංග ලක්ෂණ තිස් දෙකක්. මහා පුරුෂ ලක්ෂණ තිස් දෙකක් තියෙනවා. මේ මහා පුරුෂ ලක්ෂණ තිස් දෙක දිහා බලන්න. බලල හිත පහදවා ගන්න. ඊට පස්සේ ඔබ හිතෙන් අහන්න ප්‍රශ්නෙ. උන්වහන්සේ කටින් උත්තර දෙයි" කිව්වා. ඒ විදිහට තමයි සමහරු පැහැදුනේ.

පිරිස් මැද්දේ ගරහන්න පටන් ගත්තා....

එතකොට ඒ මහා පුරුෂ ලක්ෂණ තිස් දෙකකින් යුක්ත ශාස්තෘන් වහන්සේ ළඟ මහණ වෙලා ඉන්නවා

සුනක්ඛත්ත. පැහැදුනේ නෑ. ඒ වගේ ම බුදුරජාණන් වහන්සේට විශේෂ අවබෝධයක් තියෙනවා කියලා පැහැදුනෙත් නෑ. එයා කියන්න ගත්තා පිරිස මැද්දේ ගිහිල්ලා "මම ශ්‍රමණ ගෞතමයන් ළඟ පැවිදි වෙලා හිටියේ. මම ශ්‍රමණ ගෞතමයන් ළඟින් ඇසුරු කළා. මං පස්සෙන් ගියා. "**නත්ථි සමණස්ස ගෝතමස්ස උත්තරි මනුස්සධම්මා අලමරියඤාණදස්සන විසේසෝ**" ශ්‍රමණ ගෞතමයන්ට විශේෂ ඤාණදර්ශනයක් මොකෝවත් නෑ" මේ කවුද කියන්නේ ළඟ හිටපු එක්කෙනා.

"**තක්කපරියාහතං සමණෝ ගෝතමෝ ධම්මං දේසේති වීමංසානුචරිතං සයං පටිභානං**" "ශ්‍රමණ ගෞතමයන් වහන්සේට තියෙන්නේ තර්කන හැකියාවක්. ප්‍රතිභානය. වීමංසනය. ඒකෙන් තමයි ඔය කියන්නේ" ඊට පස්සේ කියනවා "**යස්ස ච ඛ්වාස්ස අත්ථාය ධම්මෝ දේසිතෝ සෝ නියයාති තක්කරස්ස සම්මා දුක්ඛක්ඛයායාති**" "හැබැයි ඒ ධර්මය යම් අර්ථයක් පිණිස දේශනා කරනවා ද ඒ ධර්මය පුරුදු කරන එක්කෙනාට ඒක ලැබෙනවා" කියලා කිව්වා. මෙහෙම කියාගෙන ගියා.

දැන් මේක සාරිපුත්තයන් වහන්සේටත් ආරංචි වුණා....

බුදුරජාණන් වහන්සේ කලින් සෑහෙන්න මහන්සි ගත්තා සුනක්ඛත්තගේ ඔය අදහස නැතිකරන්න. දීඝ නිකායේ බලන්න ඔබ පාථික සූත්‍රය. ඒකේ බොහොම ලස්සනට විස්තර කරනවා. ඒ පොත අපි පරිවර්තනය කරලා තියෙනවා. බොහොම ලස්සනට විස්තර කරනවා සුනක්ඛත්තගේ මේ දෘෂ්ටිය නැතිකරන්න බුදුරජාණන්

වහන්සේ ගන්න මහන්සිය. නමුත් ඒ අවාසනාවන්ත පුද්ගලයාට ඒක කරගන්න බැරුව ගියා.

හිත පැහැදුනොත් ඒකේ ප්‍රතිඵලය තියෙන්නේ තමාට ම යි....

එතකොට අපිට තේරෙනවා එකල මහා පින්වන්ත අය හිටපු පරිසරය තුළත් පැවිදි වෙලා දෙතිස් මහා පුරුෂ ලක්ෂණ දරා වැඩසිටිය බුදුරජුන් ළඟ ඉඳලත් ඒ ධර්මය අහලත් උන්වහන්සේ ප්‍රාතිහාර්යය පෙන්නලත් හිත පැහැදුනේ නෑ. එහෙනම් අපිට මේ කාලේ සියල්ලෝම හිත පහදිනවා කියලා එකක් බලාපොරොත්තු වෙන්න බෑ. නමුත් හිත පැහැදුනොත් කෙනෙකුගේ ඒ පැහැදීමේ ප්‍රතිඵලය ලබන්නේ බාහිර කෙනෙක් නෙමෙයි. තමා. ඇයි බුදුරජාණන් වහන්සේ දැන් පිරිනිවන් පාලා ඒ අමා නිවන් පුරයේ ඉඳලා බලාගෙන ඉන්නවාද අපි දිහා. අපි දැන් සරණ ගියාද සරණ කඩාගන්නවාද සරණ බිඳ ගන්නවාද කියලා. නෑ. එහෙනම් පැහැදුනොත් වාසිය තියෙන්නේ කාටද? තමාට.

ධර්මාවබෝධ කරන්න තියෙන විශාල බාධාවක්....

ඉතින් සාරිපුත්තයන් වහන්සේ බුදුරජාණන් වහන්සේට ගිහින් කියා සිටියා. "ස්වාමීනී භාග්‍යවතුන් වහන්ස, මේ සුනක්ඛත්ත ලිච්ඡවි පුත්‍රයා මෙන්න මෙහෙම කතාවක් කියාගෙන යනවා" කියලා. එතකොට බුදුරජාණන් වහන්සේ වදාළා "සාරිපුත්තය, ඔය සුනක්ඛත්ත ක්‍රෝධ සහිත පුද්ගලයෙක්. ක්‍රෝධ කරන කෙනෙක්. හිස් පුද්ගලයෙක්"

ධර්මය අවබෝධ කරන්න තියෙන බාධාවක් ඔන්න එතන කියවුනා. මොකක්ද ඒ? ක්‍රෝධ සිත් ඇති බව. ඒ කියන්නේ සිත ගැටිච්ච ගමන් ඇතැම් කෙනෙක් සම්පූර්ණයෙන්ම ධර්මයත් අතඅරිනවා. ධර්මය ඉගෙනිල්ලත් අතඅරිනවා. ධර්ම ශ්‍රවණයත් අතඅරිනවා. බුදුරජාණන් වහන්සේවත් අතඅරිනවා. අදත් ක්‍රෝධ සිත් ඇති එක්කෙනාට ඒක වෙනවා. එහෙනම් තමන් තුළ ක්‍රෝධ සිතක් ඇති බව මේ ධර්මයේ හැසිරෙන්න තියෙන විශාල බාධාවක් කියලා අඳුන ගන්න.

නින්දා කරන අදහසින් වර්ණනාවක් ම යි කරන්නේ....

ඊට පස්සේ කියනවා "සාරිපුත්තය, ඒ ක්‍රෝධ සහිත සිතකින් ම මට නින්දා කරන්න යි ඔය කතාව කියන්නේ. සාරිපුත්ත, බලන්න මේ හිස් පුද්ගලයා නින්දා කරන අදහසින් කියලා වර්ණනාවක් කරනවා ඔතන. මොකක්ද ඒ වර්ණනාව? යම් අර්ථයක් පිණිස ධර්මය දේශනා කරනවාද ඒ ධර්මය පුරුදු කරන එක්කෙනාට ඒ අර්ථය ලැබෙනවා" කියන එක.

බුදුරජාණන් වහන්සේගේ ධර්ම ස්වභාවය....

ඊට පස්සේ සාරිපුත්තයන් වහන්සේට බුදුරජාණන් වහන්සේ දේශනා කරනවා "**අයම්පිහි නාම සාරිපුත්ත සුනක්ඛත්ත මෝඝ පුරිසස්ස මයි ධම්මන්වයෝ න භවිස්සති**" "සාරිපුත්තය, මේ සුනක්ඛත්ත හිස් පුද්ගලයාට මගේ ධර්ම ස්වභාවය වැටහුනේ නෑ" කියනවා. එතකොට බුදුරජාණන් වහන්සේගේ ධර්ම ස්වභාවය මොකක්ද? "**ඉතිපි සෝ භගවා අරහං**" මෙසේ භාග්‍යවතුන් වහන්සේ අරහං. "**සම්මා සම්බුද්ධෝ**" සම්මා සම්බුද්ධයි. "**විජ්ජාචරණ**

සම්පන්නෝ" අෂ්ට විද්‍යා හා චරණ ධර්මයන්ගෙන් යුක්තයි. **"සුගතෝ, ලෝකවිදූ, අනුත්තරෝ පුරිසදම්ම සාරථී, සත්ථා දේවමනුස්සානං, බුද්ධෝ භගවා"** මේ ගුණයන්ගෙන් යුක්තයි.

ඉස්සෙල්ලාම කළයුත්තේ සිත පහදවා ගැනීමයි....

එතකොට අපි ඉස්සෙල්ලාම මේ අපි සරණ ගිය බුදුරජාණන් වහන්සේ මේ ගුණ නමයෙන් යුක්තයි කියලා හිත පහදවගන්න ඕන. මේක චක්කරයක් වගේ එකක් නෙමෙයි. චක්කරේ කොහොමද අපි කියන්නේ? දෙවරක් එක දෙකයි. දෙවරක් දෙක හතරයි. දෙවරක් තුන හයයි. එහෙම නේ කියාගෙන යන්නේ. ඒ වගේ එකක් නෙමෙයි මේක. මේක කරුණු මෙනෙහි කරලා කරුණු තේරුම් අරන් කරුණු සළකලා තමයි මේ ගුණ තේරුම් ගන්නේ. එහෙම තේරුම් ගැනිල්ල තුළ තමයි අපේ හිතේ පැහැදීම ඇති වෙන්නේ.

සිත කය වචනය ඍජු කරන එක තමයි මේ ධර්මයෙන් කරන්නේ....

දැන් අපි සාමාන්‍යයෙන් හිත භය වුණහම ඉතිපිසෝ භගවා අරහං කියලා එහෙම කියනවා තමයි. නමුත් ඒකෙන් අපිට රැකවරණයක් තියෙනවා. නැත්තෙ නෑ. නමුත් අපිට අකුසල් දුරුකරන්න නම් කුසල් වඩන්න නම් අපේ සිත කය වචනය ඍජු කරගන්න නම් මොකක්ද අපේ සිත කය වචනයේ ස්වභාවය ඍජුවෙන ගතියද වක්‍ර වෙන ගතියද? වක්‍ර වෙන ගතියක් මේ හිත කය වචනයේ

තියෙනවා. මේ හිත කය වචනය ඍජු කරගන්න එක තමයි මේ ධර්මයෙන් කරන්නේ.

එතකොට හිත කය වචනය ඍජු වෙන්න නම් එයාට තියෙන්න ඕන ලාභ පාඩු දෙකම සමසේ පිළිග න්න හැකියාවක්. එහෙම නැතුව සිත කය වචනය ඍජු වෙන්නෙ නෑ. ඇයි සමහර විට ලාභය උදෙසා වංචනික වෙනවනෙ මනුෂ්‍යයා. ලාභය උදෙසා වැරැද්ද පෙනි පෙනී ලැජ්ජ නැතිව ඉන්නවනෙ. එහෙම වෙන්නේ නැද්ද? වෙනව නෙ. සිත කය වචනය ඍජු කරගන්න මේ ධර්මය උදව් වෙනවා. ඊට පස්සේ ඒක තමයි අපිට දිගටම උදව් උපකාර වෙන්නේ.

භාග්‍යවතුන් වහන්සේ දසබලධාරී වන සේක....

ඊට පස්සේ බුදුරජාණන් වහන්සේ විස්තර කරනවා. **"දස ඛෝ පනිමානි සාරිපුත්ත, තථාගතස්ස තථාගත බලානි"** "සාරිපුත්තය, තථාගතයන්ට මේ තථාගත බල දහයක් තියෙනවා" **"යේහි බලේහි සමන්නාගතෝ තථාගතෝ"** "ඒ බලයන්ගෙන් යුක්ත තථාගතයන් වහන්සේ" **"ආසභං ඨානං පටිජානාති"** "ශ්‍රේෂ්ඨ ස්ථානයට පත් වූ බව තමන් ලෝකයට ප්‍රතිඥා දෙනවා" **"පරිසාසු සීහනාදං නදති"** "පිරිස් මැද්දේ අභීත නාද ඒ කියන්නේ භය නැතුව කතා කරනවා" **"බ්‍රහ්මචක්කං පවත්තේති"** බ්‍රහ්මචක්‍රය කියන්නේ ආර්ය අෂ්ඨාංගික මාර්ගයට. "නිවන් මග ප්‍රවර්තනය කරනවා" මොනවද ඒ දහය. ඔන්න ඒ දහය විස්තර කරනවා.

පළවෙනි තථාගත බලය....

පළවෙනි එක තමයි **"තථාගතෝ ඨානඤ්ච ඨානතෝ අට්ඨානඤ්ච අට්ඨානතෝ යථාභූතං පජානාති"** "වියහැකි දේ වියහැකි දේ වශයෙනුත් විය නොහැකි දේ විය නොහැකි දේ වශයෙනුත් ඒ අයුරින්ම ඇත්ත ඇති සැටියෙන් දන්නවා" දැන් මේක අපිට බැලූ බැල්මට පේන්නේ සුළුපටු එකක් වගේ. මේක සුළුපටු එකක් නෙමෙයි.

දැන් බලන්න බුදුරජාණන් වහන්සේ පෙන්වා දෙනවා එක සක්වළක බුදුවරු දෙන්නෙක් පහළ වීම විය නොහැකි දෙයක්. එහෙමනම් විය හැකි දේ මොකක්ද? එක සක්වළක එක බුදුවරයෙක් පහළ වීම. ඒ වගේ බුදුරජාණන් වහන්සේ විය හැකි දේ පෙන්වා දෙනවා. ඊළඟට සම්බුද්ධත්වයට පත්වෙන්නේ පිරිමියෙක් පමණයි. ඒක තමයි වියහැකි දේ. විය නොහැකි දේ මොකක්ද? කාන්තාවක් බුදු වෙන්නෙ නෑ. ඊළඟට සක් දෙවිඳු කෙනෙක් වෙන්නේ පිරිමියෙක් පමණයි. ඒකේ විය නොහැකි දේ මොකක්ද? ස්ත්‍රියක් සක් දෙවිඳු වෙන්නේ නෑ. බ්‍රහ්මයෙක් වෙන්නේ පිරිමියෙක් පමණයි. ඒකේ විය නොහැකි දේ මොකක්ද? ස්ත්‍රියක් බ්‍රහ්මයෙක් වෙන්නෙ නෑ.

මාරයා කියන්නේ පුද්ගලයෙක්....

මාරයෙක් වෙන්නේ පිරිමියෙක් පමණයි. ස්ත්‍රියක් මාරයෙක් වෙන්නේ නෑ. එතකොට මෙතන හරී පැහැදිලියි මාරයා කියන්නේ පුද්ගලයෙක්. ඇයි දේශනාවේ තියෙනවා ස්ත්‍රියක් මාරයෙක් වෙන්නේ නෑ. පුරුෂයෙක් මාරයෙක්

වෙන්නේ. එහෙමනම් කෙනෙක්. සමහරු හිතන් ඉන්නවා නෙ මේ කෙලෙස් වලට නිකම් සජීවත්වයක් ආරෝපණය කරලා මේ පෙන්නනවා කියලා. එහෙම නෙමෙයි. බුද්ධ දේශනාව හරි. උන්වහන්සේගේ අවබෝධය ඇත්ත එකක්.

අකුසල් වලින් දුක් විපාක... කුසල් වලින් සැප විපාක...

ඒ වගේම පෙන්නනවා ඒකේ. යම්කිසි කෙනෙක් සිතෙන් කයෙන් වචනයෙන් කුසල් රැස්කරනවා. ඒකේ විය හැකි දේ මොකක්ද? එහි සැප විපාක ලැබෙන්නේය. විය නොහැකි දේ මොකක්ද? ඒ නිසා දුක් විපාක නැත්තේය. දුක් විපාක ලැබෙනවා කියන එක වෙන්න බෑ ඒකේ. ඒකේ තියෙන්නේ සැප විපාක.

කෙනෙක් අකුසල් කරනවා. අකුසල් කරලා දුක් විපාක ලැබෙනවා. සැප විපාක ලැබෙන්නේ නෑ. එතකොට බලන්න ඒක මොකක්ද? විය හැකි දේ විය හැකි දේ වශයෙනුත් විය නොහැකි දේ විය නොහැකි දේ වශයෙනුත් තියෙන බුදුරජාණන් වහන්සේගේ ඤාණය. මේ ඤාණය උන්වහන්සේගේ දේශනා වල තියෙනවා.

පව් කළ තැනැත්තා දුගතියට යයි....

උන්වහන්සේ දේශනා කරනවා "මහණෙනි, කෙනෙක් සිතෙන් කයෙන් වචනයෙන් පව් රැස්කරනවා. පව් රැස්කරහම මේ පව් රැස්කරපු කෙනා ළඟට පිරිස රැ ස්වෙලා කියනවා 'අනේ මෙයා මරණින් මතු සුගතියේ උපදීවා, යහපත ලැබේවා' කියලා එයාට වඳිනවා. ඇඳිලි බැඳගෙන ප්‍රාර්ථනා කරනවා" බුදුරජාණන් වහන්සේ

දේශනා කරනවා "මහණෙනි, ප්‍රාර්ථනා කිරීම හේතුවෙන් වන්දනා කිරීම හේතුවෙන් පව් කළ කෙනා සුගතියේ නොයයි" එයා යන්නෙ කොහේද? දුගතියේ.

දියට දැමූ ගලක් කිසිදාක උඩ පාවෙන්නෙ නෑ....

ඒකට උන්වහන්සේ උපමාවක් වදාරනවා. කෙනෙක් ජලාශයකට ගලක් අතඅරිනවා. අතඇරලා පිරිස වටේ ඉඳගෙන වැඳගෙන කියනවා "අනේ පින්වත් ගල, උඩට පැමිණේවා. උඩට පැමිණේවා!" කියලා. කවදාවත් උඩට එන්නේ නෑ. ඒ කියන්නේ ඒකේ යමක් වෙන්නේ නැත්නම් වෙන්නෙ නෑමයි. දැක්කද ඒ උන්වහන්සේගේ අවබෝධය. ඒ 'ඨානඤ්ච ඨානතෝ අට්ඨානඤ්ච අට්ඨානතෝ යථාභූතං පජානාති' කියන ඤාණය. ඒ ඤාණයෙන් තමයි උන්වහන්සේ ඒවා දේශනා කරන්නේ.

පින් කළ තැනැත්තා සුගතියට යයි....

ඊට පස්සේ උන්වහන්සේ දේශනා කරනවා හොඳට පින් කරන එක්කෙනෙක් ඉන්නවා. මේ පින් කරපු එක්කෙනා, කයෙන් වචනයෙන් සිතෙන් කුසල් රැස්කරපු එක්කෙනා ළඟට ගිහිල්ලා පිරිස කියනවා "අනේ ඔබ දුගතියට යාවා. දුගතියට පැමිණේවා. නිරයේ උපදීවා" කියලා. ඒ කුසල් කරපු එක්කෙනා නිරයේ උපදිනවද? නිරයේ උපදින්නෙ නෑ. එයා එක්කෝ මිනිසුන් අතර එක්කෝ දෙවියන් අතර එක්කෝ බඹුන් අතර උපදිනවා.

දියට දැමූ තෙලක් කිසිදාක යට ගිලෙන්නෙ නෑ....

බුදුරජාණන් වහන්සේ දේශනා කරනවා ඒක හරියට මේ වගේ එකක් කියනවා. කළේකට ගිතෙල් දාලා මේ කළේ ජලාශයක ඇතුළට බස්සවලා බිඳිනවා. බින්දහම මොකද වෙන්නේ? කටු ටික යටට බහිනවා. තෙල් ටික උඩට එනවා. එතකොට පිරිස වට වෙලා කියනවා අනේ මේ තෙල යටට බසීවා කියලා. එතකොට කෙනෙකුගේ ප්‍රාර්ථනා කිරීම හේතුවෙන් ආයාචනා කිරීම හේතුවෙන් වන්දනා කිරීම හේතුවෙන් ඒ උඩට මතු වෙච්ච තෙල් යටට බස්සන්න පුළුවන්ද? යටට බස්සන්න බෑ. මේවා ස්ථිර උපමා උන්වහන්සේගේ.

තමන් කළ යුත්තේ කුමක්ද කියලා වටහා ගන්නවා....

එතකොට උන්වහන්සේ මේ වගේ ඒවා අපිට පෙන්වා දීපු නිසා මොකද වෙන්නේ? ශ්‍රාවකයන්ට හිතට ගන්න පුළුවන් "ආ.... එහෙනම් අපි කරන්න ඕන කුමක්ද? කුසල් රැස්කිරීම. අකුසල් දුරු කිරීම" දැන් බලන්න බුදුරජාණන් වහන්සේගේ දේශනා වල උන්වහන්සේගේ දසබලයෙන් එක බලයක් මුල් වෙලා නැද්ද උන්වහන්සේගේ දේශනාවට. බුද්ධ දේශනා වල අඩමානෙට වචන නෑ. අඩමානෙට වචන නැත්තේ උන්වහන්සේගේ තියෙන ඤාණ නිසා. උන්වහන්සේ ඒ ඤාණයේ පිහිටලා තමයි ධර්මය දේශනා කරන්නේ.

දෙවෙනි තථාගත බලය....

ඊ ළඟට උන්වහන්සේගේ තව ඤාණයක් තියෙනවා. දෙවෙනි ඤාණය අතීත අනාගත වර්තමාන ඒ කිව්වේ අතීතයේ, අනාගතයේ කියන්නේ තව ඉස්සරහට. වර්තමානය කියන්නේ මේ ඉන්න අවස්ථාවේ 'කම්මසමාදානා' කරගත්තු කර්ම ඒ කිව්වේ කයින් වේවා වචනයෙන් වේවා හිතින් වේවා කරගත්තු කර්ම හේතු වශයෙන් තැන් වශයෙන් විපාක විඳින හැටි ඒ විදිහට ම දන්නවා. මේ කර්ම විපාක ගැන විස්තර කරන විදිහ නම් හරිම පුදුම සහගතයි.

රහතුන් කෙරෙහි කිසිදා - සිත දූෂිත නොකර ගත යුතු....

උන්වහන්සේ එක තැනක විස්තර කරනවා. අර කෝකාලික කියන භික්ෂුව වෛර බැඳගත්ත නෙ. කවුරු ගැනද වෛර බැඳගත්තේ? සාරිපුත්ත මහ රහතන් වහන්සේ ගැනත් මහා මොග්ගල්ලාන මහ රහතන් වහන්සේ ගැනත් වෛර බැඳගත්තා. වෛර බැඳගෙන නින්දා කළා. මොකක්ද කරපු නින්දාව? "මේ දෙන්නා ලාමකයි. පව්ටුයි. ලාමක වූ ආශාවන්ගේ වසඟයට ගිහිල්ලා ඉන්නේ" කියලා කියාගෙන ගියා.

තමන් අතින් වැරදි වුනත් මාන්නය නිසා සමාව ගන්නෙ නෑ....

එතකොට බුදුරජාණන් වහන්සේ කෝකාලිකව කැඳෙව්වා. කැඳවලා මොකක්ද කිව්වේ? "කෝකාලික, කවදාවත් ඕක කියන්න එපා. සාරිපුත්ත මොග්ගල්ලාන දෙදෙනා ලාමක නෑ. පව්ටු නෑ. ලාමක ආශාවන්ගේ

වසඟයට ගිහිල්ලා නෑ. ඒ නිසා ඕක කියන්න එපා. සමාව ගන්න" කියලා කිව්වා. එතකොට මොකක්ද එයා කිව්වේ? "බුදුරජාණන් වහන්සේගෙන් නම් මට සමාව ගන්න පුළුවන්. මං අර දෙන්නාගෙන් නම් සමාව ගන්න යන්නෙ නෑ" කිව්වා. සමහරුන්ට මහණ වුණාට පස්සේ ඇති වෙන මාන්නය ලේසියෙන් නැති කරන්න බැරි බව පේනවා. සාමාන්‍ය මිනිස්සුත් ඉන්නවා නෙ මාන්නය ඇති වුනහම සමාව ගන්නේ නෑ.

අතරමග ශාලාවක නවාතැන් ගත්තා....

අර කාලදේවල, නාරද තාපසයෝ දෙන්නාගේ කතාවෙත් එහෙමනේ. ඔන්න දේවදත්ත පෙර ආත්මෙක තාපසයෙක් වෙලා ඉපදිලා ඉන්දෙද්දි ගමනක් යන ගමන් අතරමග තිබුණ වළං හදන ශාලාවක නැවතුනා. නැවතුණහම අපේ බෝසතාණන් වහන්සේත් තාපසයෙක් වෙලා හිටියේ ඒ කාලේ. බෝසත් තාපසතුමත් ඒ ශාලාවට ආවා. ඇවිල්ලා වළං හදන මනුස්සයගෙන් ඇහුවා "අද මට මෙහේ නවාතැන් දෙන්න පුළුවන්ද?" කියලා. " වේලාසනින් එක්කෙනෙක් ඇවිල්ලා ඉන්නවා. එයාගෙන් අහලා කැමති නම් නවාතැන් ගන්න" කිව්වා.

ඊට පස්සේ එයාගෙන් ඇහුවා "පින්වත් තාපසය, මමත් මේ චාරිකාවේ යන එක්කෙනෙක්. මං නවාතැන් ගත්තට කමක් නැද්ද?" කියලා. "හා... කමක් නෑ. ඉන්න" කිව්වා. ඊට පස්සේ මොකද කළේ දැන් අර බෝසතාණන් වහන්සේත් පැත්තකට වෙලා ඉන්නවා. පාඩුවේ භාවනා කරගෙන අරයත් ඉන්නවා. ඒ දේවදත්ත තාපසයා මොකද කළේ? ඒ ශාලාවේ දොරටුව ළඟ ඉස්සරහ හරහට නිදාගත්තා.

බෙල්ලට කකුල තියවුනා....

කරුවලේ නෙ ඉතින් මේ ඉන්නේ. බෝසත් තාපසයන් වහන්සේ මුත්‍රා කරන්න එළියට යන්න හෙමින් හෙමින් යද්දි මොකද වුනේ මෙයාගේ බෙල්ලට කකුල තියවුණා. ඊට පස්සේ අරයා කෑගහන්න පටන් ගත්තා "බෙල්ල පාගලා මේ මරන්න හදනවද" කියලා. කෑගහනකොට "නෑ.... නෑ.... එහෙම නෙමෙයි. මට මේ වැරදීමක් වුණේ" කියලා සමාව ඉල්ලගෙන ගියා.

දැන් ඔන්න දොට්ට පිළට ගිහිල්ලා එනකොට බෝසත් තාපසතුමා කල්පනා කළා "මං බොහොම පරිස්සමෙන් යන්න ඕන. මේ පැත්තෙන් ගිහිල්ලා බෙල්ල පෑගුණා. අනිත් පැත්තෙන් යන්න ඕන" කියලා. දේවදත්ත තාපසයත් හිතුවා "දැන් ඇවිල්ලා මගේ බෙල්ල ආයෙත් පාගයි" කියලා එයා අනිත් පැත්ත හැරුණා. දැන් එයා අනිත් පැත්ත හැරිලා ඉන්නවා කකුල් දෙක අර පැත්තට දාලා.

ආයෙමත් බෙල්ල පෑගුනා....

එතකොට දැන් අර බෝසත් තාපසයා එතනට ඇවිත් කල්පනා කෙරුවා. "දැන් මේ පැත්තෙන් ගිහිල්ලා බෙල්ල පෑගුණා මට. මං මේ පැත්තෙන් පරිස්සමෙන් යන්න ඕන" කියල ආයෙ ගියා තියවුනා කකුල බෙල්ලට. එතකොට අරයා හයියෙන් කෑ ගහලා "උඹ කලිනුත් මගේ බෙල්ල පාගන්න හැදුවා. යන්තම් බේරිලා මේ පැත්තට හැරුනා. දැන් ආයෙත් හිතා මතා මගේ බෙල්ල පෑගුවා නේද?" කියලා කෑගහන්න පටන් ගත්තා.

අන්න අසත්පුරුෂයා.... ශාප කළා....

දැක්කද අසත්පුරුෂයා. ඔබ කවදාවත් අසත්පුරුෂයෙක් වෙන්න එපා. අසත්පුරුෂයා ප්‍රශ්නෙ වෙනකම් බලාගෙන ඉන්නවා පෙනේ කොරලා පිඹින්න. එයත් බලසම්පන්න කෙනෙක්. හෙට උදේ ඉර පායන්න ඉස්සෙල්ලා නුඹේ හිස හත් කඩකට පැලෙන්න ඕන කියලා ශාප කළා. බෝසත් තාපසතුමා ඇතුළට ගියා. ගිහිල්ලා නිශ්ශබ්දව කල්පනා කරනවා. "දැන් මෙයා ශාපයක් කළා. මේ ශාපය කොයි විදිහට ද වැඩ කරන්නේ?"

බලන්න බෝසත් කාලෙත් ඤාණය. බැලුවට පස්සේ තේරුණා "මම නිවැරදියි. මගේ අතේ වරදක් නෑ. හිස සත් කඩකට පැලෙන්නේ මෙයාගේ" දැන් බලන්න ප්‍රාර්ථනා කළේ කාගේ හිස කැඩෙන්න කියලාද? බෝසතාණන් වහන්සේගේ හිස සත් කඩකට පැලෙන්න කියලයි ශාපෙ කළේ. නමුත් දැන් කැඩෙන්න නියම වෙලා තියෙන්නේ කාගෙද? ඒ ශාපය කරපු එක්කෙනාගේ.

ලෝක ධර්මයක් තියෙනවා අපිට පාලනය කරන්න බැරි....

දැන් බලන්න එතකොට මොකක්ද අපට මේකෙන් පේන්නේ? ලෝක ධර්මයක් තියෙනවා අපිට පාලනය කරන්න බැරි. ලෝකස්වභාවය වැඩ කරන්නේ අපිට ඕන හැටියට නෙමෙයි. එතන සිදුවෙන්න ඕන විදිහටයි ලෝක ධර්මය වැඩ කරන්නේ. ඉතින් බෝසතාණන් වහන්සේ බැලුවා "දැන් මගේ හිසද පැලෙන්නේ මෙතුමාගේ හිසද?" බැලුවහම පැලෙන්නෙ කාගෙද? අර දේවදත්ත තාපසයගෙ හිස තමයි පැලෙන්නේ.

දැන් ඔන්න ඉර පායන්නේ නෑ....

බෝසතාණන් වහන්සේ ඉර පායන එක වළක්වගෙන ඉන්නවා. මිනිස්සු ගිහිල්ලා රජ්ජුරුවන්ට පැමිණිලි කරනවා ඉර පායන්නේ නෑ කියලා. රජ්ජුරුවෝ කිව්වා "එහෙනම් මොකක්හරි ප්‍රශ්නයක්. මොකක්ද මේකේ නුඹලාට තියෙන සැකය?" කියලා ඇහුවා. සැකය තමයි කිව්වා "තාපසවරු දෙන්නෙක් ඊයේ රාත්‍රියේ ඇවිල්ලා ඉන්නවා. උන්දැලාගේ වැඩක්ද දන්නේ නෑ" කිව්වා.

ඊට පස්සේ රජ්ජුරුවෝ ගිහිල්ලා තාපසවරු හම්බ වෙලා ඇහුවා "තාපසවරුනි, මේ ඉර පායන්නේ නෑ මොකද මේ?" කියලා ඇහුවා. එතකොට මේ බෝසත් තාපසතුමා නිශ්ශබ්දව ඉන්නවා. අරය ඉස්සරහට පැනලා කිව්වා "මෙයා මගේ බෙල්ල පෑගුවා එක පාරක්. ඊටපස්සේ මං ඒකට සමාව දුන්නා. ආයෙත් පෑගුවා. ඊට පස්සේ මං මෙයාගේ හිස සත් කඩකට පැලෙන්න කියලා ශාප කළා. ඒක නිසා මොකක්හරිද දන්නෙ නෑ" කිව්වා.

බලෙන්ම සමාව ගැන්නෙව්වා....

ඊට පස්සේ අර බෝසතාණන් වහන්සේගෙන් ඇහුවා. ඇහුවහම කිව්වා "මෙන්න මෙහෙම සිද්ධියක් වුණා. ඉර නැග්ගොත් මෙයාගේ හිස සත්කඩකට පැලෙනවා" ඊට පස්සේ ඇහුවා "මේක වළක්වන්න මොකක්ද කරන්නේ?" "සමාව ගත්තොත් පුළුවන්" කිව්වා. ඉතින් අර බෝසත් තාපසයාගෙන් සමාව ගන්න කියලා දැන් රජ්ජුරුවෝ ගිහිල්ලා පින්සෙන්ඩු වෙනවා අර තාපසතුමාට. සමාව ගන්නේ නෑ. දැක්කද? රජ්ජුරුවෝ

සේවකයන්ට කිව්වා "අල්ලගනින් මෙයාව අත්දෙකෙන්. ඇදගෙන වරෙන් කිව්වා මෙතනට. උලාපං හොම්බ බිම කිව්වා. දැන් සමාව ගං" කිව්වා.

බෝසතාණන් වහන්සේ කිව්වා "එහෙම නම් දැන් මෙයාට වතුරට බහින්න කියන්න. වතුරට බැහැලා මෙයාගේ ඔළුවේ ගාණට මැටි ගුලියක් හදලා තියන්න මෙයාගේ ඔළුව උඩ. මම ඉර අතඅරිනකොට ම මෙයාට දිය යට ගිලෙන්න කියන්න. එතකොට මේ මැටි ගුලිය පැලෙයි" කියලා. ඉතින් බෝසතාණන් වහන්සේ චිත්ත බලයෙන් ඉර අතඇරියා. අතඅරිනකොට අරයගේ ඔළුව උඩ තිබුන මැටි ගුලිය පිපිරුවා. මෙයා ගොඩ වුණා.

ඒත් සමාව ගත්තේ නෑ....

බලන්න මේ හිතේ තියෙන දරදඬුකම. දැන් මේ වගේ දරදඬු බවක් හිතක තියෙනවාද නැද්ද? තියෙනවා. මේ දරදඬු බව නැති මොළොක් බවක් ධර්මයෙන් හදනවා. ධර්මයට විතරයි මේ සිත මෘදු කරන්න පුළුවන්. දැන් බලන්න ඒ කෝකාලික දරදඬුයි. මොළොක් වුනේම නෑ. සමාව ගන්න ගන්න කියලා කිව්වා ගත්තේම නෑ. අන්තිමට මැරිලා දැන් දුගතියේ යන්න ඔන්න මෙන්න.

කෝකාලික පදුම නිරයේ උපන්නා....

අර තුදු කියලා බ්‍රහ්මරාජයෙක් පෙර ආත්මේ මෙයාගේ ගුරුවරයද කොහෙද ඇවිල්ලා කිව්වා. "සමාව ගන්න සාරිපුත්ත මොග්ගල්ලාන රහතන් වහන්සේලාගෙන්" කියලා. ගත්තෙ නෑ. මැරුණා. මැරිලා නිරයේ ගියා. අන්න එතනදි බුදුරජාණන් වහන්සේ නිරයේ විස්තරයක්

කියනවා. "කෝකාලික භික්ෂුව පදුම කියන නිරයේ උපන්නා" කියනවා.

පදුම නිරයේ ආයුෂ කොච්චරද....?

එතකොට භික්ෂුවක් අහනවා "භාග්‍යවතුන් වහන්ස, මේ පදුම නිරයේ ආයුෂ කියන්න පුළුවන්ද" කියලා. " කියන්න බෑ" කියනවා. ගණන් කරන්න බෑ කියනවා ආයුෂ. "උපමාවකින් කියන්න පුළුවන්ද" කියලා අහනවා. උපමාවකින් පුළුවන් කියනවා කියන්න. කොසොල් රටේ මිම්මෙන් විසිකිරියක ගැලක් තියෙනවා. ඒ කියන්නේ මං හිතන්නේ බුසලක් වගේ වෙන්න ඇති. ගැල කියලා කියන්නේ ලොකු කරත්ත. ලංකාවේ නම් ඒ කරත්ත නෑ. ඒ කියන්නේ අපි සාමාන්‍යයෙන් ගත්තොත් ට්‍රැක්ටර් වල තියෙන්නේ ට්‍රේලර් එක. ඒ වගේ උසට පතුරු බැඳලා හදනවා බඩු පටවගෙන යන්න කරත්ත වල. ඒවට කියනවා ගැල කියලා.

හිතාගන්න බැරිතරම් කාලයක්....

එතකොට ඒ වගේ ගැලක් පුරවලා තල තියෙනවා. අවුරුදු සියයකට වතාවක් මේ ගැලෙන් තල ඇටයක් එළියට දානවා. කාලයාගේ ඇවෑමෙන් මේ තල ටික ඉවර වෙනවා. ඒ කාලය වගේ විසි ගුණයක ආයුෂ තියෙන නිරයක් තියෙනවා. නිරයවල් කීපයක් උන්වහන්සේ විස්තර කරල විස්තර කරලා කියනවා මේ පදුම නිරයේ ආයුෂ ඒ වගේ නිරයවල් දහයක් විතර ගියාට පස්සේ තියෙන්නේ. එතකොට සංඛ්‍යාවකට ගණන් කරන්න බෑ ඒ විස්තරේ.

දුකට භය නම් දුකට අකැමැති නම් පව් කරන්න එපා....

එතකොට බුදු කෙනෙක් ඇර මේ කර්ම විපාක දෙන තැන "මේ අසවල් තැන මෙයාට කර්මය විපාක දුන්නා, මෙයා අසවල් තැන උපන්නා" කියලා වෙන ලෝකේ කිසි කෙනෙකුට කියන්න බෑ. ඒක තමයි උන්වහන්සේට කර්මය ගැන තියෙන ඤාණය. ඒ නිසයි උන්වහන්සේ දේශනා කළේ **"සචේ භායසි දුක්ඛස්ස"** "ඉදින් ඔබ දුකට භය නම්" **"සචේ වෝ දුක්ඛමප්පියං"** "දුකට කැමති නැත්නම්" **"මා කත්ථ පාපකං කම්මං"** "පව්කම් කරන්න එපා" කියනවා. **"ආවී වා යදි වා රහෝ"** "එළිපිට වත් රහසේ වත් පව් කරන්න එපා" කියනවා.

එතකොට කර්මය ගැන උන්වහන්සේට තිබ්ච්ච ඤාණය අතීත කර්මය ගැන, අනාගතේ ගැන උන්වහන්සේට කොච්චර ඤාණයක්ද බලන්න අනාගතේ අපි පිරිහෙන විදිහ ගැන දේශනා කරපු එක. දවස ගානේ ඒ ඇත්ත ඔප්පු වෙනවා නේද? දැන් පිරිහී පිරිහී යනවා.

අපේ බලාපොරොත්තුව පිරිහීමක්ද දියුණුවක්ද...?

අපි බලාපොරොත්තු වෙන්නේ ආධ්‍යාත්මික දියුණුවක්, ශාසනය බබළන කාලයක් එයි, ශාසනය දියුණු වෙයි කිය කිය අපි කියනවා. ගොඩනැගිලි නම් දැන් දියුණුයි තමයි. ගතිගුණ වේගෙන් පරිහානියට පත් වේගෙන යනවා. එහෙනම් ඉෂ්ඨ වෙලා තියෙන්නේ බුද්ධ වචනය නෙ. දැන් ගතිගුණත් දියුණු වේගෙන එනවා නම් සීලවන්ත බවත් දියුණු වෙනවා නම් වහ වහා සමාධියත්

වැඩෙනවා නම් වහ වහා ප්‍රඥාවත් වැඩෙනවා නම් අන්න අපිට බලාපොරොත්තුවක් තියන්න පුළුවන් මොකක්ද? ආ දියුණු වේගෙන එනවා. හැමෝම දියුණු වේගෙන එනවා කියලා. එහෙම පේනවද? එහෙම නෑ නෙ.

මේ හොඳට හිටපු අය මේ හිටපු ගමන් පේනවා බද්ධ වෛරය බැඳගෙන යනවා. එතකොට අපිට පේනව නෙ එහෙම විශේෂ දියුණුවක් වෙන්නේ නෑ කියලා. එතකොට අපිට ඔප්පු වෙන්නේ මොකක්ද? අනාගතය ගැන බුදුරජාණන් වහන්සේ වදාළ දේශනාවයි.

සිත සැනසෙන දෙයක් පේනතෙක් මානෙක නෑ....

එතකොට අතීතය පිළිබඳ අනාගතය පිළිබඳ වර්තමානය ගැන කර්මය විපාක දෙන ආකාරය තැන් වශයෙන් හේතු වශයෙන් ඒ අයුරින්ම උන්වහන්සේ දන්නවා. ඒ දැනගෙන තමයි උන්වහන්සේ දේශනා කළේ. එතකොට නිරය ගැන දේශනා කළේ උන්වහන්සේ. නිරය ගැන ගොඩාක් විස්තර දේශනා කළා. එක තැනකදි දේශනා කළා "මහණෙනි, ඔබට පුදුම ලාභයක් කියනවා මේ ලැබුණේ. නිරයක් තියෙනවා කියනවා ඡඵස්සායතනික කියලා. ඒ නිරයේ ඇහෙන් දැක්කොත් යමක්, කනට ඇහුණොත් යමක්, නාසයට ආඝ්‍රාණය වුණොත් යමක්, දිවට දැනුනොත් යමක්, කයට පහසක් දැනුණොත් හිතට හිතුනොත් යමක්, ඒ හැම එකකින්ම පීඩාවක් ම යි ඇතිවෙන්නේ කිව්වා. වේදනාවක් ම යි කිව්වා. සිත සනසන දෙයක් පේන තෙක් මානෙක නෑ කිව්වා. ඔබ ඒකෙන් බේරිලා කිව්වා ඉන්නේ"

බැලු බැලූ අත ප්‍රිය දේවල්....

තියෙනවා කිව්වා ඒ වගේම ඡඵස්සායතනික කියලා ස්වර්ගයක්. ඇහැට පේන කනට ඇහෙන නාසයට දැනෙන දිවට දැනෙන කයට දැනෙන හිතට හිතෙන හැම එකක්ම මිහිරියි කිව්වා. ඔබ ඒකෙනුත් බේරුණා කිව්වා. හැම එකක් ම මිහිරි නම් එතන තියෙන්නේ මුළා වෙන්න මයි නේද? අද අපිට මේ දෙකම තියෙන නිසා නේද මේක විග්‍රහ කරගන්න පුළුවන්. මේ මනුස්ස ලෝකේ.

මේ ජීවිතේ පැරණි කර්මයක්....

ඒ වගේම උන්වහන්සේ තව තැනක දේශනා කළා අපේ ජීවිතය ගැන "**පුරාණමිදං භික්ඛවේ කම්මං**" "මහණෙනි, මේ ජීවිතේ පැරණි කර්මයක්" "**අභිසංඛතං**" "විශේෂයෙන් සකස් කරපු එකක්" "**අභිසඤ්චේතයිතං**" " චේතනාවෙන් සකස් කරපු එකක්" "**වේදනීයං දට්ඨබ්බං**" "විඳව විඳව තමයි මේක දකින්න තියෙන්නේ" දැන් බලන්න හිතලා මේ පරණ කර්මයක් නිසා නේද අපි විඳවන්නේ. මේ ජීවිතේ විඳවීමක් නැද්ද? විඳවීමක් තියෙනවා. විඳවීමක් තිබ්බට අපි මේකෙන් මිදෙන්න කැමතියි. නමුත් මිදෙන්න පුළුවන්ද? මිදෙන්න කැමති වුණාට ධර්ම මාර්ගය දියුණු කරලා පින් රැස් කරලා මිසක් වෙන මිදෙන්න ක්‍රමයක් නෑ. මැරිලා මිදෙන්න බෑ. එහෙම මැරිලා මිදෙන්න පුළුවන් නම් හරි පහසුයි නෙ මේ වැඩේ. එහෙම මිදෙන්න බෑ. ඇයි බුද්ධ දේශනාවේ තියෙනවා කර්මයක් රැස් කළහම ඒක විපාක දෙනවා ම යි කියනවා.

කර්මය විපාක දෙන හැටි හරි පුදුමයි....

බුද්ධකාලේ එහෙම ඒවා වුණා නෙ. අර ආච්චි කෙනෙක් කැවුම් බදිනවා. කැවුම් බදිනකොට ඒ ගිනි දැල්ලක් ගියා පිදුරු ගහකට. පිදුරු ගහ හුළඟේ යනවා. කාක්කෙක් හොට ගැහුවා ඒකට. කාක්කව පිච්චිලා මැරුණා ඒකෙන්. භික්ෂූන් වහන්සේලා ඒ සිදුවීම ගිහිල්ලා කිව්වා.

බුදුරජාණන් වහන්සේ දේශනා කළා. "මහණෙනි, එයා පෙර ආත්මේ හරකෙක් ගිනි තියලා මැරුවා" කිව්වා. හරකෙක් කරත්තේ බඳිනකොට උං යන්නෙ නැතුව ලැගලා හිටියා. ඉතින් මේ මනුස්සයා හරකට ගැහුවා ගැහුවා හරකා යන්නෙ නෑ. උඹට උගන්නන්නම් හොඳ පාඩමක් කියලා මොකද කළේ? පිදුරු ගොඩක් ගෙනල්ලා හරකට ගිනි තියලා ගියා යන්න. හරකා මැරුණා. උපනුපන් ආත්මේ පිච්චිලා මැරෙනවා. ඒ මනුස්සයා තමයි කිව්වා ඔය කපුටා වෙලා ආවේ. කපුටා වෙලා ඇවිල්ලා පිච්චිලා මැරුණා.

මෙන්න සසරේ හැටි....

ඒ වගේ එක කාන්තාවක් හිටියා. මේ කාන්තාවට මෙයාගේ ස්වාමියා හරි ආදරෙන් හිටියා. ස්වාමියා මැරුණා. මැරිලා මේ ගෙදර බල්ලා වුණා. දැන් මේ කාන්තාවත් මේ බලු පැටියට ආදරෙයි. දැන් මේ බලු පැටියා මෙයා යන යන තැන මෙයාගෙ පස්සෙන් එනවා. නාන්න යනකොටත් මේ බල්ලා පස්සෙන් එනවා. දර කඩන්න යනකොටත් පස්සෙන් එනවා. මැල්ලුම් කඩන්න යනකොටත් පස්සෙන් එනවා.

එතකොට ගමේ කොල්ලෝ විහිලු කළා "ආ.... මේ අලුත් සහකාරයෙක් හම්බ වෙලා නොවැ කියලා. හැබෑටම බැලුවොත් කවුද ඒ ? සහකාරයා. දැන් මේ ගෑණු එක්කෙනාට කේන්ති ගියා මොන වධයක්ද මේ කියලා. එක දවසක් 'වරෙං බලු පැටියෝ' කියලා එක්කන් ගියා. එක්කං ගිහිල්ලා වැලි කළයක් බෙල්ලේ ගැටගහලා ගඟ මැදට ගිහිල්ලා දැම්මා. උපනුපන් ආත්මේ වැලි කළේ බෙල්ලේ බැඳලා මැරෙනවා.

තමන් යමෙකුට කරන්නේ යමක්ද ඒකම පෙරලා ලැබෙනවා....

දැන් දවසක් මේ නෝනා ආයේ මනුස්ස ආත්මේ ඉපදිලා. දැන් යනවා නැවේ. නැවේ යනකොට නැව මුහුද මැද්දේ නැවතුනා. ඒ කාලේ නැව් නැවතුණාට පස්සේ තුණ්ඩු අදිනවා. දැන් කාලේ තුණ්ඩු ඇද්දොත් හරිම ප්‍රශ්නයක් වෙයි. ඇයි? සෑහෙන පිරිසක් ඉඳියි එකම තුණ්ඩුවට. ඉතින් මොකද වුනේ? දැන් තුණ්ඩු ඇද්දම නැව්කප්පිත්තගේ නෝනට තමයි මේ තුණ්ඩුව ආවේ. ඊට පස්සේ මිනිස්සු කතා වුණා නෑ නෑ නෑ මේක වෙන්න බෑ. මේ නැව්කප්පිත්තාගේ නෝනටයි මේ තුණ්ඩුව ආවේ. අපි ආයේ අදිමු කිව්වා.

ආයෙත් ඇද්දහම එයාට ම යි එන්නේ. ඊට පස්සේ ආයෙත් ඇද්දා. ඒ කාලේ රුවල් නැව් නෙ තිබුණෙ. ඒවා තමයි නැවතිලා තිබුනේ යන්නෙ නැතුව. ඊට පස්සේ ආයෙත් ඇද්දා. තුන් වතාවම ආවේ මෙයාට. නැව්කප්පිත්තා අහක බලාගෙන අඬ අඬා ගියා කරන්න දෙයක් නෑ උඹලා මෙයාව වතුරට දාපං කිව්වා. වැලි

මුට්ටිය බැන්දා බෙල්ලේ. වතුරට දැම්මා. තමන් යමෙකුට කරන්නේ යමක්ද ඒකම පෙරලා ලැබෙනවා.

මේ කාලේ හොරවැඩ කරන්න හරි අමාරුයි....

මේ කාලේ විශේෂයෙන්ම මේ හොරකම් මැරකම් වගේ ලාමක ක්‍රියා අතේ පත්තු වෙනවා. මේ ළඟදි එක අම්මා කෙනෙක් බළල් පැටව් ටිකක් අරන් ගිහිල්ලා පෙට්ටියක දාලා පන්සල අයිනේ තියලා. කලබලෙන් වටපිට බලලා පන්සල අයිනෙන් තියද්දි ඒ අම්මගේ හැට්ටෙ තිබුණ අයිඩින්ටි කාඩ් එක අර පෙට්ටියේ වැටුණා. දැන් බලද්දි බළල් පැටවුත් ඉන්නවා අයිඩින්ටි කාඩ් එකත් තියෙනවා. අහුවුණා. මට නම් හිතෙන්නේ හරි ප්‍රශ්නෙකට මුහුණ දෙන්න වෙන්න ඇති ඒ ආච්චිට. ඇයි බළල් පැටව්නුයි අයිඩින්ටි කාඩ් එකයි දෙකම. හොරකම් කොරන්න බෑ මේ කාලේ. ඒ හොරකම් කරලා හංගගෙන ඉන්න බෑ. ඔක්කෝම එළියට එනවා. ඉක්මණට ඉක්මණට අකුසල් විපාක දෙනවා.

තේරෙන භාෂාවෙන් මතක තියාගන්න....

එතකොට පින්වත්නි, බුදුරජාණන් වහන්සේ අවබෝධ කළා මේ කර්මය අතීත අනාගත වර්තමානයේ විපාක දෙන ආකාරය ගැන. ඒවා තමයි මේ බුද්ධ දේශනා වල තියෙන්නේ. දැන් මේ දසබල ඤාණ තමයි සියලුම දේශනා වල තියෙන්නේ. මේ දසබල ඤාණ ඉගෙන ගැනීමේ වාසිය ඒකයි. මොකක්ද හිත පහදිනවා. අනේ මේ බුද්ධ දේශනා වල මේවා තියෙනවා නෙ කියලා.

දැන් අපි ඤාණ දෙකක් ඉගෙන ගත්තා. මොකක්ද ඒ? වියහැකි දේත් නොවිය හැකි දේත් ඒ විදිහට ම දන්නා ඤාණය. තේරෙන භාෂාවෙන් මතක තියාගන්න. වියහැකි දේත් නොවිය හැකි දේත් ඒ විදිහටම දන්නා ඤාණය පළවෙනි එක. දෙවෙනි එක අතීත අනාගත වර්තමාන කියන තුන් කාලයට අයත්ව කෙරෙන කර්මයන්ගේ විපාක හේතු වශයෙන් තැන් වශයෙන් ඒ විදිහටම දන්නා ඤාණය. මේවා මතක තියාගැනීම හරී ප්‍රයෝජනයි බුද්ධ දේශනා ඉගෙන ගන්න අයට. මේවා තේරුම් ගත්තොත් අපිට හරි පරිස්සමෙන් ජීවත් වෙන්න පුළුවන්.

බුදුරජාණන් වහන්සේගේ තව ඤාණයක් තියෙනවා....

සියලු තැන් වල උපත පිණිස යන ප්‍රතිපදාව ගැන දන්නා ඤාණය. හැම තැනම උපදින හැටි ඒ විදිහටම උන්වහන්සේ දන්නවා. උන්වහන්සේගේ අවබෝධය තමයි මේ ධර්මයේ තියෙන්නේ. ඒ කියන්නේ නිරයේ යනවා නම් කෙනෙක් මේ නිරයේ යන්නේ මේ විදිහටයි කියලා උන්වහන්සේ දන්නවා. උන්වහන්සේ ඒකට උපමාවක් පෙන්වා දුන්නා. මනුෂ්‍යයෙකුගේ ප්‍රමාණයට වඩා ගැඹුරු විශාල ගිනි අඟුරු වලක් තියෙනවා.

මැරෙන්න අසතුටු බඩගින්නේ ඉන්න පිපාසිත කෙනෙක් පාරක යනවා. ඒ පාර තියෙන්නේ කොහෙටද? අර ගිනි අඟුරු වලට. එතකොට ඇස් ඇති කෙනෙක් බලන් ඉන්නවා මේ දිහා. බලන් ඉන්නකොට පේනවා මේ කෙනෙක් පාරේ යනවා. එයා දිගටම මේ පාරේ ගියොත් අර ගිනි අඟුරු වලටයි වැටෙන්නේ. පස්සෙ කාලෙක

එයාට දකින්න ලැබෙනවා අර පුද්ගලයා දිගටම ඒ පාරේ
ගමන් කරලා අර ගිනි අඟුරු වලට වැටිලා දුක් විඳිමින්
ඉන්නවා.

දන්නෙ නැතුව අනතුරු වලට භාජනය වෙන මිනිස්සු කොච්චර ඉන්නවද...!

දැන් අපි ගමු අපිටත් එහෙම පේනවා නේද සමහර
අවස්ථාවල. අපි ගමු විශාල අනතුරක් තියෙනවා තැනක.
කෙනෙක් යනවා ඒ පාරේ. එතකොට අපි දන්නෙ නැද්ද
මෙයා මේ පාරේ ගියොත් මේ අනතුරට මැදි වෙනවා
කියලා. දන්නවා නේද? එතකොට අපි දැනගත්තොත්
මොකක්ද අපි එයාට කියන්නේ? ඔය පාරේ යන්න එපා
ඔය පාරේ මෙහෙම අනතුරක් තියෙනවා.

දන්නෙ නැතුව එහෙම මිනිස්සු අනතුරු වලට
භාජනය වෙන්නේ නැද්ද? අනතුරු වලට භාජනය
වෙනවා. බුදුරජාණන් වහන්සේ දේශනා කරනවා ඔන්න
ඔය විදිහට මේ මිනිස්සු මැරිලා නිරයේ ඉපදෙන හැටි
උන්වහන්සේ දකිනවා. ඉතින් මේ විදිහට අපි දන්න අය,
අපේ ඥාතීන්, අපේ පෙර ආත්ම වල ඥාතීන්, කොයි
තරම් පිරිසක් නිරයේ ඇද්ද? අපි දන්නෙ නෑ නෙ. අපි
කොච්චර ඉන්න ඇද්ද ඔය නිරයේ.

කොච්චර පින්වන්ත වුණත් හරි දේ නොලැබුණොත් නොමග යන්න පුළුවන්....

ඊළඟට බුදුරජාණන් වහන්සේ දේශනා කළා තව
සමහරු ජීවිතේ ගත කරන විදිහට එයා මරණින් මත්තේ
යන්නේ තිරිසන් අපායේ. ඒ ගත කරන ජීවිතේ කෙළවර

වෙන්නේ මොකෙන්ද? තිරිසන් අපායෙන්. සතෙක් වෙලා ඉපදිලා තමයි එයාගේ ජීවිතේ ඉවර වෙන්නේ. එකතැනක තියෙනවා අර බුදුරජාණන් වහන්සේගේ කාලේ එක තරුණ යාළුවෝ දෙන්නෙක් හිටියා. මේ දෙන්නා ගියා තපස් කරන තැනකට.

තපස් වලට කියනවා ව්‍රත කියලා. ඒ කාලේ අජ ව්‍රත, ගෝ ව්‍රත, කුක්කුර ව්‍රත කියලා එක එක ව්‍රත තිබුණා. අජ ව්‍රත කියන්නේ එළුවෙක් වගේ ඉන්නවා. ගෝ ව්‍රත කියන්නේ ගවයෙක් වගේ ඉන්නවා. කුක්කුර ව්‍රත කියන්නේ බල්ලෙක් වගේ ඉන්නවා. ඉතින් මේ යාළුවො දෙන්නා තෝරගත්තේ ඕක. එක්කෙනෙක් තෝරගත්තා ගෝ ව්‍රතය. අනිත් එක්කෙනා තෝරගත්තා කුක්කුර ව්‍රතය. ඒ කියන්නේ එක්කෙනෙක් බල්ලෙක් වගේ ඉන්නවා. තව එක්කෙනෙක් ගවයෙක් වගේ ඉන්නවා.

විමුක්තියක් පතාගෙන කරන දේවල්....

දැන් මේ දෙන්නා මේක පුරුදු කරන්නේ විමුක්තියක් කරා යන්න හිතාගෙන. දවසක් බලද්දි මෙන්න දෙන්නෙක් එනවා හතර ගාතෙන්. හතරගාතෙන් ඇවිල්ලා එක්කෙනෙක් තුන් පාරක් කැරකිලා බල්ලෙක් වාඩි වෙනවා වගේ වාඩි වුණා. අනිත් එක්කෙනා ඇවිල්ලා ගවයෙක් වගේ අත් දෙකම ඇතුළට නවාගෙන වාඩි වුණා. වාඩි වෙලා දැන් බුදුරජාණන් වහන්සේත් එක්ක කතා කරනවා.

ඒගොල්ලෝ කියනවා බුදුරජාණන් වහන්සේට " අපි දැන් කාලයක් තිස්සේ බොහෝම කැමැත්තෙන් මේ ප්‍රතිපදාව පුරුදු කරනවා. අපි මේ විදිහට කරන්නේ

විමුක්තියක් කරා යන්න හිතාගෙන. අනේ අපේ උත්සාහය සඵල වේවිදැයි කියලා ඔබවහන්සේට කියන්න පුළුවන්ද?" කියලා ඇහුවා. එතකොට බුදුරජාණන් වහන්සේ වදාළා " පුණ්ණ, අපි වෙන එකක් කතා කරමු. ඔය මාතෘකාව ඕන නෑ" කිව්වා. ආයෙමත් ඇහුවා. "වෙන එකක් කතා කරමු ඔය මාතෘකාව එපා" කිව්වා. තුන්වෙනි වතාවෙත් ඇහුවා.

බුදුරජාණන් වහන්සේ මුණ නොගැසුනා නම්....

ඊට පස්සේ බුදුරජාණන් වහන්සේ අර කුක්කුර ව්‍රත තියෙන කෙනාට කිව්වා "දැන් ඔබ බිමට දාපු දෙයක් බල්ලෙක් වගේ කන්නේ. ඔබ බල්ලෙක් වගේ හැසිරෙන්නේ. ඔබේ සිතිවිලි රටාව සම්පූර්ණයෙන් යන්නේ බල්ලෙක් වගේ" එතකොට ගවයෙක් වගේ ඉන්න කෙනාට කිව්වා "දැන් ඔබ ගවයෙක් වගේ ඉන්නේ. සිතිවිලි රටාව සම්පූර්ණයෙන් යන්නේ ගවයෙක් වගේ. එතකොට ඔබ බලාපොරොත්තු වෙනවා විමුක්තියක් කරා යන්න. ඒ මිත්‍යා දෘෂ්ටියක්. ඇයි මේක විමුක්තියක් කරා යන මාර්ගයක් නෙමෙයි" කියලා කිව්වා. "ඒ නිසා එක්කෝ බලු යෝනියේ උපදිනවා. එක්කෝ නිරයේ යනවා" කිව්වා. අනිත් එක්කෙනාට කිව්වා "එක්කෝ ගව යෝනියේ උපදිනවා එක්කෝ නිරයේ යනවා"

අප්සරාවෝ පතාගෙන මරාගෙන මැරෙනවා....

හැබැයි දැන් ඉස්සරහට එන විදිහට නම් නිරයටම තමයි යන්නේ. තිරිසන් අපායෙන් වත් බේරෙන එකක්

නෑ. දැන් ඔය මැදපෙරදිග තියෙන ඒගොල්ලො කතා කරන රටාව බැලුවහම නිරයටම තමයි. ඒ කොහොමද මම දැක්කා එක තරුණ ළමයෙක් කියනවා එයා බෝම්බ ගොඩක් අර කබල් ජීප් එකක දාගෙන දැන් මෙයා ඉස්සරහ ඩ්‍රයිවින් සීට් එකේ වාඩි වෙලා සුක්කානම අතින් අරන් කියනවා "මට හරී සතුටුයි මගේ ආගම වෙනුවෙන් මේ වගේ මරාගෙන මැරෙන්න. මම දැන් තව පොඩ්ඩකින් මැරෙනවා. මම දැන් මේක පුපුරවන්න ඔක්කොම ලෑස්ති කරගෙන තියෙන්නේ. මම මේ මිසදිටු පිරිසක් මරාගෙන මැරෙන්නේ. මට හරි සතුටුයි. මට අප්සරාවෝ හැත්තෑ දෙකක් එහෙදි ලැබෙනවා" කියනවා.

මිත්‍යා දෘෂ්ටියේ භයානකකම....

අප්සරාවෝ හැත්තෑ දෙන්නෙක් එක්ක විනෝද වෙන්න දැන් මෙයා හිතන් ඉන්නේ. එතකොට හිත මුල්කරගෙන තියෙන්නේ කාමයට. හිතාගෙන ඉන්නේ අප්සරාවෝ හැත්තෑ දෙකක් ලැබෙනවා කියලා. ලැබෙන්නේ කොහොමද තමන්ගේ ආගමික විශ්වාසය නැති එක්කෙනාව විනාශ කළහම.

එතකොට ද්වේෂයක් එතන තියෙනවා. ඒ ද්වේෂයත් එක්ක තෘෂ්ණාවත් තියෙනවා. ඒ දෙකම තියෙන්නේ මිත්‍යා දෘෂ්ටියත් එක්කයි. ඒ කොලුවගේ වයස අවුරුදු දාහතක් හරි දහ අටක් හරි. ගියා. ගිහිල්ලා පිපිරෙව්වා. එතකොට බලන්න මේ මිසදිටුව. සම්මා දිට්ඨිය නෑ.

තනියම හැඩ වෙනවා....

දැන් බලන්න බුදුරජාණන් වහන්සේගේ ධර්මයේ එහෙම විස්තරයක් තියෙනවා. නන්ද ස්වාමීන් වහන්සේට

ධර්මය සිහි කරගන්න බැරි වුණා නෙ. ඒ බැරි වුණේ මොකද? අර පාත්තරේ අරන් බුදුරජාණන් වහන්සේ පිටිපස්සෙන් යද්දි ජනපද කල්‍යාණී කිව්ව නෙ "ආර්ය පුත්‍රය, ඉක්මණට එන්නෙයි කියලා. දැන් මෙයාගේ හිතේ මේක හොල්මන් කරනවා. දැන් මාලිගාව විවෘත කරන්න තිබුනා. බඳින්න තිබුනා. ඔටුණු පළඳින එක තිබුනා. මේ ඔක්කෝම නැතුව මේ දැන් මහණ වෙලා. ඊට පස්සේ මෙයා තනියම ඇස් වල අඳුන් ගානවා. තනියම හැඩ වෙනවා. ලස්සන කැටයම් දාපු පාත්තරයක් අරන් ඉන්නවා. සිවුර අර සිග්සැග් සිස්ටම් එකට මහනවා.

බුදුරජාණන් වහන්සේ ගේ මහා කරුණාව....

ස්වාමීන් වහන්සේලා බුදුරජාණන් වහන්සේට පැමිණිලි කළා. "ස්වාමීනී භාග්‍යවතුන් වහන්ස, මෙහෙමයි නන්දයන් වහන්සේ ඇස් වල අඳුන් ගාගෙන, හැඩ වැඩ ඇති සිවුරක් පොරවගෙන, මේ පාත්තරයත් ලස්සනට තියාගෙන ඉන්නවා" කියලා. එතකොට පැවිදි වුණාට ඉන්නේ කොයි ලෝකෙද? අර පරණ ලෝකෙ තමයි දැන් හිතේ තියෙන්නේ. බුදුරජාණන් වහන්සේ නන්දට කතා කරනවා.

නන්දට කියනවා "මම මේ කල්පනා කළේ ඔය විකාර සිවුර අතඇරලා, පඬු ගහපු පාංශුකූල සිවුරක් පොරවගෙන, මැටි පාත්තරයක් අරගෙන, ඔය ඇස් වල ගාගෙන ඉන්න අඳුන් හෝදලා, සාමාන්‍ය භික්ෂුවක් වගේ නන්ද ගතකරන්නේ කවද්ද කියලයි මම මේ කල්පනා කරන්නේ" ඇයි දැන් මේ නන්ද කුමාරයා දන්නවද තමන්

මේ පෙරුම් පුරාගෙන ආවේ මොකේටද කියලා. එයා දන්නෙ නෑ නෙ ඒක. දැන් බලන්න බුදුරජාණන් වහන්සේ සියල්ල යන පාර දන්නවා. නන්ද ස්වාමීන් වහන්සේගේ ආශාව තියෙන්නේ මාලිගාවේ ඔටුණු පළඳලා ජනපද කල්‍යාණිත් එක්ක ලස්සනට ජීවිතේ ගෙවන්න නෙ.

තව්තිසාවට වැඩියා....

බුදුරජාණන් වහන්සේ මොකද කළේ එහෙනම් නන්ද අපි ගමනක් යං කියලා අතින් අල්ලගෙන තව්තිසා දෙව්ලොවට වැඩියා. තව්තිසා දිව්‍ය ලෝකයට වැඩියහම සක් දෙවිඳු ඇවිල්ලා වන්දනා කළහම මෙන්න දිව්‍ය අප්සරාවෝ එනවා පොර කකා. මේ එන්නේ කාට වන්දනා කරන්නද? බුදුරජාණන් වහන්සේට වන්දනා කරන්න. හොඳට බැලුවා නන්ද ස්වාමීන් වහන්සේ. හොඳට බලන්න කිව්වා නන්ද මේගොල්ලො දිහා. බැලුවා. පතුල් රෝස පාටයි. මේ ලස්සන දෙවඟනන්.

හේනක දාච්චි වැඳිරියක් වගේ....

ඊට පස්සේ දිව්‍ය ලෝකෙදිම ඇහුවා "නන්ද, අර ජනපද කල්‍යාණියි මුන්දැලයි බැලුවොත් කොහොමද වෙනස" කියලා ඇහුවා. "අනේ භාග්‍යවතුන් වහන්ස, මුන්දැලා ඉදිරියේ ජනපද කල්‍යාණි කවුද" කියලා ඇහුවා. අන්න එතනදි තමයි උපමාවක් කිව්වේ. නන්ද ස්වාමීන් වහන්සේ තමයි ඒ උපමාව කිව්වේ. මොකක්ද ඒ? " හේනක දාච්චි වැඳිරියක් වගේ" කිව්වා ජනපද කල්‍යාණි මේ දිව්‍ය අප්සරාවෝ ඉස්සරහ.

අප්සරාවෝ පන්සීයක් ලබාදෙන්න මම ඇප වෙනවා....

එතකොට බුදුරජාණන් වහන්සේ නන්ද ස්වාමීන් වහන්සේට වදාළා "සීලයේ ගුණයේ යෙදෙන්න. ධර්මයේ හැසිරෙන්න. මේ අප්සරාවෝ පන්සීයක් ඔබට ලැබෙයි" කිව්වා. එතකොට අප්සරාවෝ ලැබෙන ප්‍රතිපදාව එතන බොරුවක්ද හැබෑවක්ද? හැබෑවක්. එතකොට යම්කිසි කෙනෙක් ගුණධර්ම පිරුවොත් හරි විදිහට දැන් බුද්ධ කාලේ එහෙම එකක් වුණා. එක භික්ෂූන් වහන්සේ නමක් සීලමය ප්‍රතිපදාවකින් වාසය කළා. ධර්මය තුළ වාසය කළා. භාවනා කර කර හිටියා. අපවත් වුණා. දිව්‍ය ලෝකෙ උපන්නා. දිව්‍ය අප්සරාවෝ ලැබිලා සිය ගාණක්.

අනේ ස්වාමීනී, මේ මල පෙරේතියෝ වගයක්....

ඒ අප්සරාවෝ බැලුවා දැන් මේ දිව්‍ය රාජයා ඇස් ඇරලා බලන්නේ නෑ. ඇස් ඇරියා. දැක්කා දිව්‍ය අප්සරාවෝ. ආයේ ඇස් වහගත්තා. ඊට පස්සේ ඒ අප්සරාවෝ ගිහිල්ලා මොකද කළේ? කණ්ණාඩියක් ඇල්లුවා මූණට. මේ බලන්න දැන් කියලා. බැලුවහම කවුද? ස්වාමීන් වහන්සේ නෑ. දෙවියා ඉන්නේ. ඊට පස්සේ බුදුරජාණන් වහන්සේට ගිහිල්ලා කිව්වා "අනේ ස්වාමීනී, මේ මල පෙරේතියෝ වගේ ටිකක් දැන් වටකරගෙන ඉන්නවා මාව. මට මේකෙන් ගැලවෙන්න ඕනෙ" කිව්වා. ඒ වෙලාවේ බුදුරජාණන් වහන්සේ ධර්මය දේශනා කළා. අවබෝධ කළා.

සුමන සමන් දෙවියන්....

එහෙනම් දෙවියන් අතරට යන්න මනුෂ්‍යයාට අවස්ථාවක් නැද්ද? අවස්ථාවක් තියෙනවා. දැන් අපි සාමාන්‍යයෙන් ගමු කාලයක් තිස්සේ අපේ රටේ ඇහුවේ දිව්‍ය ලෝකෙ ගිහිල්ලා වැඩක් නෑ. දෙවි කෙනෙක් වෙලා වැඩක් නෑ. පින් කරන්න බෑ. එහෙමනේ. දැන් අපි සාමාන්‍යයෙන් අපිට පැහැදිලි සාක්කියක් ගමු දන්න දෙවි කෙනෙක් ගැන. බුදුරජාණන් වහන්සේ මහියංගනයට වැඩපු වෙලාවේ ලංකාවේ දෙවි කෙනෙක් උන්වහන්සේට මුණ ගැහුනා. කවුද ඒ? සමන් දෙවියෝ.

එතකොට සමන් දෙවියන්ට වන්දනා මාන කරන්න බුදුරජාණන් වහන්සේ මොනවද දුන්නේ? කේශ ධාතු දුන්නා. එතකොට ඒ දෙවියන් ඒ කේශ ධාතු අරගෙන මහියංගනය සෑය බැන්දෙ නැද්ද? එතකොට දෙවියා පින් කළේ නැද්ද? දෙවියා පින් කළා. එතකොට සමන් දෙවියො ආරාධනා කළා තමන්ගේ භවනට වඩින්න කියලා. ශ්‍රී පාදෙට වැඩියා. වැඩලා ඉන්ද්‍රනීල මාණික්‍යයක් මැද්දේ සිරිපතුල පිහිටෙව්වා. සමන් දෙවියෝ ඒ සිරි පතුල වන්දනාමාන කරන්නෙ නැද්ද?

සමන් දෙවියන් සෝතාපන්න කෙනෙක්....

ඒ සමන් දෙවියෝ බුදුරජාණන් වහන්සේගෙන් ධර්මය ඇහුවේ නැද්ද? සෝවාන් වුණාද නැද්ද? ඉතින් මිනිස්සු එක්කෙනෙක් වත් කරගත්තද ඒක ඒ කාලේ. මිනිස්සු නෑ නෙ. එතකොට දෙවියා වෙලා හිටපු සමන් දෙවියෝ සෝවාන් වුණා නම් ඒ දිව්‍ය ආත්මේ, චෛත්‍යයකුත් හැදුවා නම් ඒ දිව්‍ය ආත්මේ, සිරිපතුලත් පිහිටෙව්වා නම් මේවා බොරුද?

දැන් එහෙනම් ඔය කියන විදිහට දිව්‍ය ලෝකෙ දෙවි කෙනෙක් හැටියට ඉපදිලා කිසි පිනක් කරගන්න බැරිනම්, අබ්භගාත නම්, එතකොට ඒකද හරි මේකද හරි? අපි දෙන පිනෙන්ද සමන් දිව්‍ය රාජයා යැපෙන්නේ? අපි ගමු ඒ සමන් දෙවියන්ගේ අඩවියේ රත්නපුර සබරගමුව ඔය පළාතෙම යම්තාක් මිනිස්සු ඇද්ද ඒ සියලු දෙනාගෙ'ම බලය එකතු කළොත් සමන් දෙවියන්ගේ බලය අභිභවා යන්න පුළුවන්ද? බෑ නෙ. එතකොට කොහේද ඒ බලය වැඩි? මිනිස්සුන්ගෙද සමන් දෙවියන්ගෙද? එතකොට මේ දිව්‍යමය වූ ප්‍රතිපදාවක ගිහිල්ලා නැද්ද? තියෙනවා නෙ.

දෙව්ලොව උපතට ගරහන්න එපා....

එතකොට දැන් සමන් දෙවියෝ ඉන්නේ සතර අපායේ උපදින ස්වභාවයෙන්ද සතර අපායෙන් මිදිලද? සතර අපායෙන් මිදිලා. එතකොට බලන්න මේ දෙවියන් අතර උපදින ප්‍රතිපදාවටත් අපි ගැරහුවොත් අපිට මොකද වෙන්නේ? දැන් අපි හරි විදිහට මේ බුදුරජාණන් වහන්සේ සරණ ගිහින් ධර්මය සරණ ගිහින් ශ්‍රාවක සංඝයා සරණ ගිහින් සීලයක පිහිටලා දානාදී පින්කම් කරමින් සිත දූෂිත කරගන්නේ නැතුව අපි වාසය කළොත් අපිට දෙවියන් අතරට යාගන්න බැරිද? දැන් බලන්න දෙවියන් අතර උපන්න එකේ ප්‍රතිඵල සමන් දෙවියෝ නෙළුවද නැද්ද? ඒ ඵල නෙලාගත්තා. එහෙනම් දෙවියන් අතර ධර්මයේ හැසිරෙන්න, ධර්මය දියුණු කරගන්න අවස්ථාව තියෙනව නෙ.

යක්ෂයින්ව ගිරි දිවයිනට යැව්වා....

එතකොට මහියංගණයට බුදුරජාණන් වහන්සේ

වැඩියේ ඇයි? ඒ වෙද්දි යක්ෂයන්ගේ සමාගමක් තිබුනා. ඒ යක්ෂයින්ව එතනින් අයින් කරන්න නේද බුදුරජාණන් වහන්සේ වැඩියේ? යක්ෂයින්ව අයින් කරලා ගිරි දිවයිනට පළවා හැරියා. එතකොට යක්කු අතර එකෙක්වත් හිටියද ඒ වෙලාවේ ධර්මය අවබෝධ කරන්න පුළුවන්. නෑ නෙ. ඒ පිරිස ඔක්කෝම අයින් කළා. දැන් අපි කියමු අපිට දිව්‍ය ලෝකෙ යන්න ඕන නෑ, අපිට වැඩක් නෑ කියලා අපි ඉන්නවා කියලා. එතකොට අපි බුදු කෙනෙකුගෙ ධර්මයක් නෙමෙයි ඒ කියන්නේ. ඇයි බුද්ධ ඤාණයක් තමයි සියලු තැන් වල යන ප්‍රතිපදාව ඒ අයුරින්ම දනී. ඒක බුද්ධ ඤාණයක්. ඒක තුන්වෙනි ඤාණය.

සියලු තැන්වලට යන ප්‍රතිපදාව ඒ අයුරින්ම දන්නවා....

පළවෙනි ඤාණය මොකක්ද? විය හැකි නොවිය හැකි දේ ඒ අයුරින්ම දනී. දෙවෙනි එක? අතීත අනාගත වර්තමාන කර්ම විපාක තැන් වශයෙන් හේතු වශයෙන් ඒ අයුරින්ම දනී. අනිත් එක? සියලු තැන්වල යන ප්‍රතිපදාව ඒ අයුරින්ම දනී. එහෙනම් බුදුරජාණන් වහන්සේ දන්නවා නිරයේ යන ප්‍රතිපදාව. ඒ වගේම උන්වහන්සේ දන්නවා ප්‍රේත ලෝකයේ යන ප්‍රතිපදාව. තිරිසන් ලෝකයේ යන ප්‍රතිපදාව. ඊ ළඟට දිව්‍ය ලෝකයේ යන ප්‍රතිපදාව. බ්‍රහ්ම ලෝකයේ යන ප්‍රතිපදාව. මනුස්ස ලෝකයේ යන ප්‍රතිපදාව.

ඊ ළඟට උන්වහන්සේ දන්නවා සෝවාන් වෙන ප්‍රතිපදාව. සකදාගාමී වෙන ප්‍රතිපදාව. අනාගාමී වෙන ප්‍රතිපදාව. නිකෙලෙස් වෙන රහත් වෙන ප්‍රතිපදාව

දන්නවා. මේ ලෝකෙ වෙන කවුරුවත්ම මෙහෙම දන්නේ නෑ. එතකොට උන්වහන්සේගේ දේශනා වල මේවා තියෙනවා.

තමන් තුළින්ම ඇතිවුන අවබෝධයක්....

උන්වහන්සේගේ දේශනාවල් කියවද්දි ඒ දේශනාවල් වල මොනවද තියෙන්නේ? දසබල ඤාණ. එතකොට ඒ ආශ්‍රයෙන් ඔබට හිත පහදවගන්න පුළුවන් එහෙනම් බුදුරජාණන් වහන්සේ මේ ඤාණයෙන් තමයි මේ ධර්මය දේශනා කරලා තියෙන්නේ. එතකොට ඒ ඤාණය ණයට ගත්තු එකක් නෙමෙයි. දැන් සාමාන්‍යයෙන් අපේ ඤාණය මොකක්ද? තව කෙනෙකුගේ දැනුමකට පාදක වෙච්ච එකක්.

ඉස්කෝලෙ ගියත් තව කෙනෙකුගෙන් ඉගෙන ගන්නේ. ඊ ළඟට වෙන ශිල්පයක් හදාරන්න ගියත් ගුරුවරයෙකුගෙන් ඉගෙන ගන්නේ. ගමනක් යන්න ගියත් එහෙමයි. ඇඳුමක් මහන්න ගියත් ගුරුවරයෙකුගෙන් ඉගෙන ගන්නවා. මොනවහරි උයන්න ගියත් අපි කාගෙන් හරි අහගන්නවා. ගහක් කොළක් හිටවන්න ගියත් අපි කාගෙන් හරි අහගන්නවා. අපේ දැනුම හැම තිස්සෙම තියෙන්නේ තවත් කෙනෙකුගේ දැනුමක් උපකාරී කරගෙන.

අපේ දැනුම ස්වයංභූ නෙමෙයි....

ස්වයංභූ කියන්නේ තමන් තුළින්ම ඇතිකරගන්න අවබෝධයට. දැන් බුදුරජාණන් වහන්සේ තුළ ඇති වෙච්ච මේ ඤාණ තමන් තුළින්ම ඇති වෙච්ච එකක්.

එතකොට ඒ ඤාණයෙන් තමයි උන්වහන්සේ මේවා දේශනා කරන්නේ. එතකොට උන්වහන්සේ ඒ ඒ තැන්වල යන ප්‍රතිපදාව දන්නවා.

මේ වතාවේ වැරදුනොත් වැරදුනාම තමයි....

දැන් ඔබ බුද්ධ දේශනාත් සෑහෙන්න දන්න නිසා ඔබ හිතන විදිහට බුදුරජාණන් වහන්සේගේ අපේක්ෂාව තිබුණේ මොකක්ද? මේ සත්වයාට ඉක්මනට චතුරාර්ය සත්‍යය අවබෝධ කරලා දෙන්නයි. ඉතින් ඒ අපේක්ෂාවෙන් තමයි උන්වහන්සේ මේ ධර්ම මාර්ගය කියලා දුන්නේ. දැන් ඔන්න අපි මනුස්ස ලෝකෙට ඇවිල්ලා ඉන්නවා. හැබැයි මනුස්ස ලෝකෙ තීරණාත්මක සන්ධිස්ථානයක් මේ. මේකෙදි සමහරවිට වැරදුණොත් වැරදුණාම තමයි. ඒ කිව්වේ බැරි වෙලාවත් අපි ඊළඟ ආත්මේ තිරිසන් අපායකට ගියොත් ඊට පස්සේ ආයෙ ඉතින් කතාවක් නෑ මොනවා වෙයිද? කොයි ආකාරයට ඉවර වෙයිද? කියලා කියන්න බෑ.

ඇය ඇඟ ලෝම ගණනේ හිස් කැපුම් ලදා....

මම දැක්කා ධර්මප්‍රදීපිකාව කියන අර ගුරුළුගෝමී පඬිවරයගේ පොතේ මල්ලිකා බිසව ගැන එක තැනක තියෙනවා. පෙර ආත්මෙක ගොඩාක් ඉස්සර ගෙදරට ඇවිල්ලා ඤාතියෙක්. ඤාතියට සංග්‍රහ කරන්න ගෙදර හිටපු එළුව මරලා. ඒ එළුවගෙ මවිල් ගාණේ බෙලි කැපුම් කෑවා කියලා. එතකොට බලන්න. බැරිවෙලාවත්

කෙනෙක් ඒ තිරිසන් අපායක උපන්නොත් එතකොට තිරිසන් අපායක උපන්නාට පස්සේ පින් කරන්න අවස්ථාවක් එයාට සැළසෙනවද? එතකොට එයාට කැරකි කැරකී විපාක දෙන්නේ මොනවද? අකුසල් මයි. අපි කියමු බැරිවෙලාවත් මේ යන රටාවේ පෙරේත ලෝකෙක උපන්නොත් එතකොට එයාට කැරකි කැරකී විපාක දෙන්නේ කොහේද? පෙරේත ලෝකෙමයි. දැන් සමහර විට ඔබට හිතෙන්න පුලුවනි පෙරේත ලෝකෙ උපන්න කෙනාට අපි පින් දෙනව නෙ. පෙරේත ආත්මෙන් මිදෙයි කියලා. සාමාන්‍යයෙන් පෙරේත ආත්මෙන් මිදෙන්නෙ නෑ. එයාට කන්න ලැබෙනවා ඇඳුම් ලැබෙනවා. ඒ ටික තමයි ලැබෙන්නේ.

ආත්මභාව පහකට කලින් අම්මා පෙරේතියක් වෙලා....

අර එක සිදුවීමක් තියෙනවා. සාරිපුත්ත මහ රහතන් වහන්සේගේ ආත්මභාව පහකට කලින් අම්මා පෙරේතියක් වෙලා ඉපදිලා. ඒ කියන්නේ ආත්මභාව පහකට කලින් සාරිපුත්ත මහ රහතන් වහන්සේ ඒ අම්මගෙ මව්කුසේ තමයි ඉඳලා තියෙන්නේ. ඉතින් සැරියුත් මහ රහතන් වහන්සේ පින් කරගෙන ගිහිල්ලා ඊට ආත්මභාව පහකට පස්සේ රහත් වුනා. අම්මා තවම පෙරේත ලෝකෙ. දැන් කොහොමහරි මේ පෙරේතිට මුණගැහුනා. මුණගැහිලා අඳුනගත්තා "ආ.... මේ මගේ පුතා වෙලා හිටපු කෙනා" කියලා. ඊට පස්සේ ඒ සාරිපුත්ත මහ රහතන් වහන්සේට කියනවා "අනේ මං ඔබවහන්සේගේ අම්මා. මට මෙහේ උපන්න දවසේ ඉඳලා ඇඳුනුත් නෑ, කන්නත් නෑ" කිව්වා.

කෑමත් ලැබුනා... ඇඳුනුත් ලැබුනා... ඒත් මට තව සුළු කාලයයි තියෙන්නේ....

එතකොට සාරිපුත්ත මහ රහතන් වහන්සේ පිණ්ඩපාතේ වැඩලා දානේ අරගෙන සංඝයාට පූජා කරනවා. සොහොනට ගිහිල්ලා වස්ත්‍ර හොයාගෙන ඇවිල්ලා සිවුරක් මහලා සංඝයාට පූජා කරනවා. පින් දෙනවා. ඊට පස්සේ දිව්‍ය වස්ත්‍රාභරණයෙන් සැරසිච්ච දෙවඟනක් වගේ රූපේ තිබිච්ච එක්කෙනෙක් ආවා. ඇවිල්ලා කිව්වා "ස්වාමීනී මං අර හිටපු පෙරේති. මං ඒ පින් අනුමෝදන් වුණා. මට දැන් කෑම ලැබුණා. ඇඳුම් ලැබුණා. නමුත් මට තව සුළු කාලයයි තියෙන්නේ" කිව්වා.

"ඊට පස්සේ කොහේද යන්නේ?" කියලා ඇහුවා. නිරයේ කිව්වා. දැන් සාරිපුත්ත මහ රහතන් වහන්සේට බේරන්න බෑ. දැන් පින් ගන්න එයාට පුළුවන්කම තිබුණා. නමුත් කර්ම විපාක යන රටාව බේරන්න බෑ. මනුස්ස ලෝකෙදි නම් බේරන්න පුළුවන්.

අනේ... මට ගිනිදැල් පේනවා....

දැන් සාරිපුත්ත මහ රහතන් වහන්සේ එක්තරා අවස්ථාවක ඒ වගේ එක්කෙනෙක්ව බේරුවනෙ. යාළුවෙක් හිටියනෙ ධනඤ්ජානි කියලා. මේ ධනඤ්ජානි බ්‍රාහ්මණයා තරුණ කාලේ සාරිපුත්ත මහ රහතන් වහන්සේ කිව්වා "පින්වත, ධර්මය පැත්තට පොඩ්ඩක් නැඹුරු වෙලා ඔය බණ දහම් ආදිය පුරුදු කළොත් හොඳයි නේද?" කියලා ඇහුවා. "අනේ මට මේ කාලේ ඕවා කරන්න බෑ. මං ඉතින් ඔය පුළුවන් හැටියට ජීවත් වෙනවා" කිව්වා. දැන්

මෙයා මරණාසන්න වුණා. මරණාසන්න වුණාට පස්සේ දැන් මෙයා ඉක්මණට පණිවිඩයක් ඇරියා සාරිපුත්ත මහ රහතන් වහන්සේට වඩින්න කියලා.

බ්‍රහ්ම ලෝකෙට ම හිත ගත්තා....

උන්වහන්සේ වැඩියා. වැඩියට පස්සේ ඇහුවා " දැන් කොහොමද?" "අනේ මට ගිනිදැල් පේනවා" කිව්වා. අද කොච්චර ගිනිදැල් පේනව ඇද්ද මිනිස්සුන්ට. අපි දන්නෙ නෑනෙ. ඇයි කියාගන්නත් බෑ නෙ. "අනේ මට ගිනිදැල් පේනවා" කිව්වා. ඊට පස්සේ කිව්වා "ඔය පේන්නේ නිරය" කිව්වා. "ඔය නිරයට වඩා හොඳයි කිව්වා තිරිසන් අපාය" එතකොට අර ගිනිදැල් පෙනිල්ල නැතුව ගියා. "ආ දැන් අන්ධකාරයි" කිව්වා. ආ ඔයිට වඩා හොඳයි කිව්වා පෙරේත ලෝකෙ. ඊට පස්සේ පෙරේත ලෝකෙට හිත ආවා. ඊට පස්සේ මනුස්ස ලෝකෙට. දිව්‍ය ලෝකෙට. ඔහොම බ්‍රහ්ම ලෝකෙටම හිත ගෙනිච්ච නෙ. එතකොට බ්‍රහ්ම ලෝකෙට හිත ගෙනිහිල්ලා බ්‍රහ්ම ලෝකෙ පිහිටුවගෙන හිටියා හිත. ඊටපස්සේ ඒ ධනඤ්ජානි බ්‍රාහ්මණයා මැරිලා බඹලොව උපන්නා.

ශාස්තෘන් වහන්සේ ගැන හොඳට තේරුම් ගන්න....

සාරිපුත්ත මහ රහතන් වහන්සේ වෙහෙරට වැඩියහම බුදුරජාණන් වහන්සේ මොකක්ද ඇහුවේ? " සාරිපුත්ත, ඇයි ධනඤ්ජානිව එතනින් නැවැත්තුවේ?" කියලා ඇහුවා. ඇයි සාරිපුත්ත මහ රහතන් වහන්සේට නෑ අර ඥාණය. සියලු තැන්වලට යන ප්‍රතිපදාව ඒ ආකාරයෙන්ම දන්නේ කවුද? බුදුරජාණන් වහන්සේ

විතරයි. එතකොට බුදුරජාණන් වහන්සේ එතන වැඩහිටියා නම් එයා චතුරාර්ය සත්‍යය දකිනවා. එතකොට බලන්න ඒ ශාස්තෲන් වහන්සේගේ ස්වභාවය අපි හොඳට තේරුම් ගන්න ඕන මේකෙන්.

නානා ධාතු ස්වභාවයෙන් යුතු ලෝකය....

එතකොට දැන් අපි බුදුරජාණන් වහන්සේගේ ඤාණ තුනක් කිව්වා. අපිට ඒවා මතක තියාගත්තොත් හරි ප්‍රයෝජනයි. ඊළඟ ඤාණය තමයි **"අනේක ධාතු නානාධාතු ලෝකං යථාභූතං පජානාති"** "මේ නානාධාතු ස්වභාවයෙන් යුතු ලෝකය ඒ ආකාරයෙන්ම දකිනවා" එතකොට මේ ලෝකය එකම ස්වභාවයෙන් යුක්ත නෑ. නානාධාතු ස්වභාවයෙන් යුක්තයි. මේ ලෝකයට සාමාන්‍යයෙන් අපි මොකක්ද කියන්නේ? **නානත්තකායා නානත්තසඤ්ඤී.** ඒ කිව්වේ සරීර වලිනුත් වෙනස්, අදහස් වලිනුත් වෙනස් ලෝකයක් තමයි මේ තියෙන්නේ. තිරිසන් ලෝකෙ ප්‍රේත ලෝකෙ ආදියත් එහෙමයි.

මේ ලෝක ස්වභාවය හරිම පුදුම සහගතයි....

තව ලෝක තියෙනවා ඒකත්තකායා ඒකත්තසඤ්ඤී. ශරීර වලිනුත් එක වගේ. අදහස් වලිනුත් එක වගේ. තව ලෝක තියෙනවා ඒකත්තකායා නානත්තසඤ්ඤී. ශරීර වලින් එකයි. අදහස් වලින් වෙනස්. සමහර ඒවා තියෙනවා නානත්තකායා ඒකත්තසඤ්ඤී. ශරීර වලින් වෙනස්, අදහස් වලින් එකයි. ඉතින් මේ ඔක්කෝම මේ ලෝකස්වභාවය. ඒ වගේ නානාධාතු ස්වභාවයෙන් යුතු ලෝකය උන්වහන්සේ දන්නවා.

හොඳට හොඳ එකතු වෙනවා. නරකට නරක එකතු වෙනවා....

දැන් උන්වහන්සේ ඒ දන්න දකින ලෝකය අපිට ගෝචරද? අපිට ගෝචර නෑ. ඇයි හේතුව? ඒ ඤාණය නෑ නෙ ලෝකෙ වෙන අයට. උන්වහන්සේගේ ඒ තිබිච්ච ඤාණ ශ්‍රාවකයෙකුට නෑ. උන්වහන්සේ දකිනවා මේ හොඳ එක්කෙනාට හොඳ එක්කෙනා එකතු වෙනවා. නරක එක්කෙනාට නරක එක්කෙනා එකතු වෙනවා. මේ වගේ ස්වභාවයෙන් යුක්තයි. ඒකට උන්වහන්සේ මොකක්ද පාවිච්චි කළේ? ධාතු ස්වභාවය කිව්වා.

දැන් ඔන්න හිටපු ගමන් ඔය ගම් වලින් යනවා මිනිස්සු දඹදිව වන්දනාවේ. දඹදිව වන්දනාවේ ගිහිල්ලා ඔය සමහරු ඉන්නවා මේ ගම්වල එක එක ඔය ගොඩේ බීම වර්ග බොන්න පුරුදු වෙච්ච. හින්දිත් බෑ. ඉංගිරීසිත් බෑ. මේ ඉන්දියාවේ ගිහිල්ලා වැඩි වෙලාවක් නෑ මේ මනුස්සයා නෑ. ටිකක් වෙලා යනකොට හොඳට බීලා එනවා. හොයාගන්නවා තියෙන තැන්. ඒ මොකක්ද ඒ? ධාතු ස්වභාවය.

ඒ නරක වැඩ කරන කෙනෙක් පොඩි රවුමක් යනවා ටවුමේ. ටිකක් වෙලා යනකොට එයාට ගාණට එක්කෙනෙක් හම්බ වෙලා. එහෙම නැද්ද? ඒ මොකක්ද ඒ? ධාතු ස්වභාවය. හොඳ එක්කෙනාට හොඳ එක්කෙනෙක් හම්බ වෙනවා. නරක එක්කෙනාට නරක එක්කෙනෙක් අහුවෙනවා.

පැවිදි වෙන්නෙත් ඒ ධාතු ස්වභාවය අනුවයි....

මේ වගේ බුදුරජාණන් වහන්සේගේ කාලේ පැවිදි වුණෙත් ඒ ධාතු ස්වභාවය අනුවයි. දවසක් බුදුරජාණන් වහන්සේ භික්ෂූන් වහන්සේලාට වදාළා. සාරිපුත්ත මහ රහතන් වහන්සේයි සංඝ පිරිසකුයි සක්මන් කරනවා. "ආන්න බලන්න මහණෙනි, සාරිපුත්තයන් එක්ක සංඝ පිරිසක් සක්මන් කරනවා. මේ සියලු දෙනා ප්‍රඥාසම්පන්නයි" කිව්වා. මුගලන් මහ රහතන් වහන්සේත් එක්ක සංඝ පිරිසක් සක්මන් කරනවා. "අර බලන්න කිව්වා. ඒ සියලු දෙනා ඍද්ධිමන්තයි" කිව්වා.

අනුරුද්ධ මහ රහතන් වහන්සේත් එක්ක තව පිරිසක් සක්මන් කරනවා. "මේ බලන්න කිව්වා අර පිරිස. ඒ සියලු දෙනා දිවැස් ලාභීන්" කිව්වා. ආනන්ද ස්වාමීන් වහන්සේත් එක්ක තව පිරිසක් සක්මන් කරනවා. "මේ පිරිස ඔක්කෝම ධර්මය දරාගෙන ඉන්නවා කිව්වා පාඩම් කරගෙන" දේවදත්තත් එක්කත් පිරිසක් සක්මන් කරනවා. "අර බලන්න කිව්වා ඔක්කොම පාපී භික්ෂූන්" කිව්වා.

ධාතු ස්වභාවය අනුවයි පුද්ගලයෝ එකතු වෙන්නේ....

දැන් බලන්න එතකොට පාපී භික්ෂුවගේ හිත ඇදිලා ගියේ පාපී පුද්ගලයා ළඟටයි. ප්‍රඥාවන්ත කෙනාගේ හිත ඇදිලා ගියේ ප්‍රඥාවන්ත කෙනා ළඟටයි. දිවැස් ලැබෙන එක්කෙනාගේ හිත ඇදිලා ගියේ දිවැස් ලබන එක්කෙනා ළඟටයි. මේ ධාතු ස්වභාවයට අනුව තමයි ගොඩක් අය

මේ රැකීරක්ෂාවල් කරන්නේ. ඒ කවුරුත් දන්නේ නෑ කොහොමද මේ ධාතු ස්වභාවය වැඩකරන්නේ කියලා. හිතාගෙන ඉන්නේ වෙනින් එකක් ඊට පස්සේ වෙන්නේ වෙනින් එකක්. ඉගෙන ගන්නේ වෙන විෂයක්, කරන්නේ වෙන රස්සාවක්. එහෙම වෙන්නෙ නැද්ද? එහෙම වෙනවා. මේ ධාතු ස්වභාවයෙන් තමයි ඒක වෙන්නේ.

උඹ උයන්න ඉගෙන ගනින්....

මට හම්බ වුණා ජපානේ ළමයෙක් ඉන්දියාවෙදි. ඒ ළමයට ඉගෙන ගත්ත ඉගෙන ගත්ත එක රස්සාවක්වත් හරියන්නේ නෑ. මෙයා දවසක් පන්සලට ගිහින් බුදුරජාණන් වහන්සේට වැඳ වැඳ කිව්වා "අනේ මට රස්සාවක් කරන්න මාර්ගයක් කියලා දෙන්න" කියලා. දවසක් මෙයාට හීනෙන් පේනවා කවුරුහරි කියනවා " උඹ උයන්න ඉගෙන ගනින්" කියලා. මෙයා මොකද කළේ ඔය උයන පන්තියකට ගියා. ගිහිල්ලා මේ පුතා දැන් මං හිතන්නේ ලොකු හෝටලයක හොඳ කුක් කෙනෙක්.

දැන් බලන්න ඒ රස්සාවට එයා ඇදිලා ගියපු විදිහ. සමහර චූටි ළමයි ඉන්නවා පොඩි කාලෙම යකඩ කෑලි එකතු කරගන්නවා. කෑලි හදනවා. ටික කාලයක් යනකොට ගැරේජ් බාස් කෙනෙක්. එහෙම වෙනවා. තව සමහරු ඉන්නවා පොඩි කාලේ ඉඳලා ඇඳුම් මහන්න පුරුදු වෙනවා. ලොකු වෙනකොට ටේලර් ෂොප් එකක් දාගෙන. සමහරු පොඩි කාලෙදි මොකුත් නෑ. ලොකු වෙනකොට බාබර් කෙනෙක්. වෙන්නෙ නැද්ද මෙව්වා. ඒ හැම එකකටම අපේ ක්‍රියාවල් වලට මේ ධාතු ස්වභාවය බලපානවා.

අසුභ අරමුණට හිත ගන්නම බෑ....

මේ ධාතු ස්වභාවය කොච්චර බලපානවද කියන්නේ බුදුරජාණන් වහන්සේගේ කාලේ සාරිපුත්ත මහ රහතන් වහන්සේ ළඟ එක පොඩි නමක් පැවිදි වුණා. සාරිපුත්ත මහ රහතන් වහන්සේ ඉතින් ඒ කාලේ පැවිදි වෙන හැමෝටම දෙන්නේ අසුභ භාවනාව නෙ ඉස්සෙල්ලාම. ඉතින් කෙස් ලොම් නිය දත් සම් මස් නහර අර මල්ල ලිහලා බලනවා වගේ බලන්න කියලා සතිපට්ඨානයේ තියෙන විදියට උගන්වනවා. දැන් මේ ස්වාමීන් වහන්සේ භාවනා කරනවා කරනවා එක මොහොතක් ඒ අරමුණ හිතට ගන්න බෑ. දැන් සාරිපුත්ත මහරහතන් වහන්සේ එක එක ක්‍රමයට කියලා දෙනවා. ඒත් බෑ. තුන් මාසයක් මුළුල්ලේ වෙහෙසෙනවා ප්‍රතිඵල නෑ.

ආත්මභාව පන්සීයක් රන්කරුවෙක්....

ඊට පස්සේ බුදුරජාණන් වහන්සේ ළඟට එක්කගෙන යනවා. බුදුරජාණන් වහන්සේ මොකද කළේ "හා එන්න" කියලා රත්තරන් පාට මලක් මවලා දෙනවා. මේ මල දිහා බලාගෙන "**ලෝහිතකං ලෝහිතකං**" කියලා මෙනෙහි කරන්න කියනවා. මෙනෙහි කරනකොට මොහොතින් හිත එකඟ වුණා. බුදුරජාණන් වහන්සේ ධර්මය කිව්වා. රහත් ඵලයටත් පත් වුණා. බුදුරජාණන් වහන්සේ වදාළා සාරිපුත්ත මහ රහතන් වහන්සේට "සාරිපුත්ත, ආත්මභාව පන්සීයක් රත්තරන් වැඩ කරපු එක්කෙනෙක් කිව්වා මේ" බලන්න අර ධාතු ස්වභාවය. අනේක ධාතු නානාධාතු ස්වභාවයෙන් යුතු ලෝකය බුදුරජාණන් වහන්සේ තමයි දැක්කේ.

ඊළඟ තථාගත ඤාණය....

දැන් එතකොට ඤාණ හතරක් කිව්වා අපි. මොනවද ඒ? විය හැකි නොවිය හැකි දේ ඒ අයුරින්ම දන්නා ඤාණය. අතීත අනාගත වර්තමාන කර්ම විපාක හේතු වශයෙන් තැන් වශයෙන් ඒ අයුරින්ම දන්නා ඤාණය. සියලු තැන් වලට යන ප්‍රතිපදාව ඒ අයුරින්ම දන්නා ඤාණය. අනේකධාතු නානාධාතු ලෝකය ඒ අයුරින්ම දන්නා ඤාණය. ඊ ළඟ එක තමයි **"සත්තානං නානාධිමුත්තිකතං යථාභූතං පජානාති"** "සත්වයන්ගේ නානා රුචිඅරුචිකම් ඒ ආකාරයටම දන්නවා" උන්වහන්සේ. උන්වහන්සේ ඒවයින් තමයි මේ ලෝකයට ධර්මය ප්‍රචාරය කළේ.

සත්වයන්ගේ නානාධිමුත්තික බව....

එක එක ගතිගුණ මේ සත්වයන් තුළ බැසගෙන තියෙනවා. ඒ ගතිගුණ දිහා බල බල තමයි උන්වහන්සේ ධර්මය දේශනා කරන්නේ. එහෙම දේශනා කරපු සූත්‍ර තමයි අපි මේ කියවන්නේ. ඒ අධිමුත්තික කියන වචනෙ මතක තියාගන්න. ඒ කියන්නේ එක එක රුචි අරුචිකම් මේ සත්වයන්ට ගතිගුණ හැටියට පිහිටලා තියෙනවා. ඒ පිහිටලා තියෙන විදිහට තමයි යන්නේ. ගොඩාක් දුරට ඒක හැදෙන්නේ සත්වයන්ගේ කර්මයට අනුව.

අවුරුදු පනහක් වේලිච්ච අසූචි කාලා....

ඇයි දැන් බුද්ධ කාලේ එක්කෙනෙක් හිටියේ ඔබට මතකද අර රජගහ නුවර ගලක් උඩ තපස් කළේ තනි කකුලෙන් හිටගෙන හුළං බිබී. ජම්බුක. අවුරුදු පනහක් වේලිච්ච අසූචි කකා හිටිය මනුස්සයෙක්. අපට මේක

හිතන්න පුළුවන් ඒක කතන්දරයක් කියලා රහතන් වහන්සේ නමක් බවට විස්තර නැත්නම්. ඒ ආත්මේ රහත් වුණා. මං හිතන්නේ කලින් ආත්මෙක පසේබුදුරජාණන් වහන්සේ නමකට අපහාස කරලා. ඉපදිච්ච දවසේ ඉඳලා මෙයාට එකම ප්‍රිය ආහාරය කක්කා තමයි. වෙන කිසි දෙයක් කන්න බෑ. කක්කමයි හොයන්නේ.

ඉතින් මිනිස්සු දන්නෙ නෑ නෙ මොකක්ද කියලා. මිනිස්සු රසට බත් හදාගෙන ගේනවා. ඉතින් එයා කියනවා. උඹලාට ඉතින් පින් සිද්ධ වෙන්නත් එපායැ. තණකොළ ගහක් කඩන් වරෙං කියනවා. තණකොළ ගහක් කඩාගෙන එනවා. එතකොට අර බත් එකේ ගාලා දැන් මෙයා දිවේ පොඩ්ඩක් ගාලා "හා ඇති..... උඹලාට ඕකේ පින ඇති හොඳටම" කියනවා.

මගේ ගුණධර්ම මේ මහපොළොවට ඔරොත්තු දෙන්නෙ නෑ....

දැන් ඉතින් ඊටපස්සේ කට ඇරගන්නවා. අහනවා ඇයි කියලා. නෑ මං මේ හුළං තමයි කියනවා ආහාරයට ගන්නේ. තනි කකුලෙන් ඉන්නේ ඇයි කියලා අහනවා. කකුල් දෙකෙන් ඉන්න බෑ. මගේ ගුණධර්ම ඔරොත්තු දෙන්නේ නෑ කියනවා මහ පොළවට. එච්චර ගුණධර්ම බරයි. එතකොට ඒ ජම්බුක ආජීවක දැන් තනි කකුලෙන් ඉන්නවා. රෑට මොකද කරන්නේ? කකුල් දෙකම තියනවා. කට වහගන්නවා. හිමීට ගලෙන් පල්ලට බහිනවා. බැහැලා යනවා මිනිස්සුන්ගේ අසූචි ගෙනල්ලා දාන තැනට. ගිහිල්ලා මොකද කරන්නේ. බඩ පිරෙන්න කනවා. දවසක්ද... සතියක්ද... මාසයක්ද... අවුරුදු පණහක්.

පුදුම කරුමයක් නේද ගෙවලා තියෙන්නේ....

බුදුරජාණන් වහන්සේ දැක්කා මෙයාගේ ඉරණම. දැකලා උන්වහන්සේ වැඩියා. අන්න බලන්න සත්වයන්ගේ නානාධිමුත්තික බව. එයා කොහොමද මේ කර්මය රැස් කළේ? කොයි විදිහටද මෙයාට විපාක දෙන්නේ? දැන් මේක විපාක දීලා ඉවරයි. දැන් මෙයාට බේරෙන්න මොකක්ද කරන්න ඕන දේශනාව? මේ ඔක්කොම උන්වහන්සේ දන්නවා. උන්වහන්සේ වැඩලා රෑ නවතින්න අවසර ගත්තා ගලේ. ගල උඩ දැන් උන්වහන්සේ ඉන්නවා. දැන් අරයා ගණන් ගන්නේ නෑ බුදුරජාණන් වහන්සේව.

රහත් ඵලයට පත්වෙන්න පින තිබුන කෙනෙක්....

දැන් ඉන්නවා පැත්තකට වෙලා එයා. එයා තනි කකුලෙන් හිටගෙන ඉන්නවා කට ඇරගෙන. දැන් රෑ වෙනකොට බුදුරජාණන් වහන්සේ දන්නවා මෙයා මේ වෙලාවට කට වහනවා මේ වෙලාවට කකුල තියනවා. මේ වෙලාවට යනවා කියලා. එතකොටම උන්වහන්සේ ළඟට ගිහිල්ලා ඇහුවා "දැන් මොකද මේ කරන්න හදන්නේ? ආයෙ ගිහිල්ලා අසූචි කන්න නේද හදන්නේ?" කියලා ඇහුවා. අන්න මෙයාගේ අර වහගෙන හිටපු සළුපිළි ඔක්කොම ඉරිලා ගියා. ඊට පස්සේ ධර්මය දේශනා කළා. පැහැදුනා. රහත් ඵලයට පත්වුණා.

බරපතලම අර්බුදය....

එතකොට බලන්න බුදු කෙනෙකුගෙන් ඒහිභික්ඛු

රහත් බව ලබන්න පින තියෙන එක්කෙනාට කර්ම විපාකය ගහපු ගැහිල්ල. එහෙම බලද්දි අපිට තියෙන බරපතලම අර්බුදය තමයි තමන්ගේම සිත කය වචනය නුහුරට යෑම. මේක තමයි බරපතලම අර්බුදය. අපට පේන්නේ බරපතලම අර්බුදය හැටියට බාහිර එකක් නේද? "අසවලා මට ගැහුවේය. අසවලා මට බැන්නේය. අසවලා මගේ දියුණුව නැසුවේය. අසවලා මට නින්දා කළේය. අසවලා මගේ කීර්තිය නැති කළේය. අසවලා මට අර දේ නොදුන්නේය"

අපි හැමතිස්සේම දකින්නේ පාඩුව කළේ කවුරු කියලද? බාහිර කෙනෙක් කියලා. නමුත් මේ දේශනාව දිහා බැලුවහම පේනවා පාඩුව කරගන්නේ තමාමයි. තමාමයි තමන්ට පාඩුව කරගන්නේ. තමාමයි තමන්ට හානිය කරගන්නේ. තමන්මයි තමන්ට අවාසිය කරගන්නේ. බුදුරජාණන් වහන්සේ මේ සත්වයන්ගේ නානාධිමුත්තික බව දන්න නිසා උන්වහන්සේ මේ සත්වයාව ඒකෙන් ලස්සනට බේරනවා.

පින්වන්තයන්ගේ ස්වභාවය....

දැන් බලන්න මේ පින්වන්තයන්ගේ ස්වභාවය බුද්ධ කාලයේ. යස කුලපුත්‍රයා ගැන බලමු. බුදුරජාණන් වහන්සේ ගයාවේ බෝධිය ළඟ බුදු වුණා. බුදු වෙලා ඊට පස්සේ උන්වහන්සේ වැඩියා බරණැසට. බරණැස ඉසිපතනයේ දැන් ඉන්නවා පස්වග භික්ෂූන් වහන්සේලා සමග. දැන් පස්වග භික්ෂූන් වහන්සේලා ඊයේ රහත් වුණා කියමු. ඔන්න අද රෑ යස කුලපුත්‍රයාට රෑ ජාමේ ඇහැරෙනවා. ඇහැරුණහම මොකක්ද පේන්නේ? නිළියන්ගේ විප්‍රකාර. ඇයි යස කුලපුත්‍රයාටත් මාලිගා

තුනක් තියෙනවා. නින්ද යනකම් නාටිකාංගනාවෝ නටනවා. සිංදු කියනවා. දැන් එයාට ඇහැරෙනකොට ඔක්කොම නාටිකාංගනාවන්ගේ විප්‍රකාර දැක්කා. දැකපු ගමන් එපා වුණා. "**උපද්දුතං වත භෝ. උපස්සට්ඨං වත භෝ**" එහෙම කියවුණා. "වැඩක් නෑ මේ ජීවිතේ මොන වධයක්ද මොන කරදරයක්ද" කියලා. හිතුවා "මං දැන්ම යන්න ඕන"

අමනුස්සයෝ තමයි ගේට්ටු ඇරියේ....

පුදුම සහගත සිද්ධිය බලන්න එවෙලෙම යන්න ඕන කියල සෙරෙප්පු දෙක දාගෙන ගේට්ටුව ගාවට ආවා. එනකොට ගේට්ටුව ඇරියේ මිනිස්සු නෙමෙයි. අමනුස්සයෝ ගේට්ටුව ඇරියේ. ඒක හරි ලස්සනට තියෙනවා මහා වග්ග පාළි පොතේ. දැන් යස කුලපුත්‍රයා දන්නෙ නෑ පැවිදි වෙන්න යන්නෙ කියලා. අමනුස්සයෝ "මේ යස කුලපුත්‍රයාගේ උතුම් පැවිදි බවට බාධා නොවේවා" කියලා ගේට්ටුව අරිනවා. දැන් මේ සිද්ධිය වෙන්නේ රෑ තුනට හතරට වගේ.

ඔන්න දැන් යස කුලපුත්‍රයා හිතිච්ච පාරේ යනවා. යනකොට නගරයේ ප්‍රධාන දොරත් අරිනවා. "යස කුලපුත්‍රයාගේ උතුම් පැවිද්දට බාධා නොවේවා" කියලා. දොරටුපාලයෝ බුදි. එතකොට කවුද මේ අරින්නේ? අමනුස්සයෝ. ඇරගෙන යනකොට ඔන්න බුදුරජාණන් වහන්සේ ගහක් යට වැඩඉන්නවා. උන්වහන්සේව පේන්නේ නෑ මෙයාට. මෙයාට ආයේ කියවෙනවා. " **උපද්දුතං වත භෝ උපස්සට්ඨං වත භෝ**" "භවත්නි, මේ ජීවිතේ හරි කරදරයක් නෙ. හරි පීඩාවයි නෙ" කියලා.

සාමුක්කංසික දේශනාව වදාරනවා....

එතකොට බුදුරජාණන් වහන්සේ කියනවා යස, මං ගතකරන ජීවිතේ කිසි කරදරයක් නෑ. කිසි පීඩාවක් නෑ කියනවා. එතකොට යස කුලපුත්‍රයා එතනට එනවා. ඔන්න ධර්මය කියනවා. අන්න බුදුරජාණන් වහන්සේලාගේ ධර්මය. මොකක්ද ඒ දේශනාවට කියන්නේ? සාමුක්කංසික දේශනා. තමාම උසස් බවට පත්කරවන දේශනාව කියනවා. දේශනා කරාම යස කුලපුත්‍රයා සෝවාන් ඵලයට පත් වෙනවා.

යස කුලපුත්‍රයාගේ අම්මා නැගිටලා බලනවා දොරවල් ඇරලා. දුවලා ගිහිල්ලා බලනවා කුමාරයා නෑ. තාත්තාට දුවලා ගිහිල්ලා කියනවා "හරි වැඩේනෙ. පුත් කුමරා නෑ" කියනවා. තාත්තා කියනවා "මං එහෙනම් බලාගෙන එන්නම්" කියලා යනවා. යනකොට වැලි පාරේ තියෙනවා අඩි පාරවල්. ඒ අඩි පාර දිගේ යනවා. එතකොට බුදුරජාණන් වහන්සේ දකිනවා දැන් තාත්තා එනවා. දැන් උන්වහන්සේ ඉර්ධියක් පානවා. යස කුලපුත්‍රයා වාඩි වෙලා ඉන්නවා පේන්නෙ නෑ තාත්තාට.

සාමුක්කංසික දේශනාව කියන්නේ චතුරාර්ය සත්‍යය....

තාත්තා ඇවිල්ලා අහනවා "ස්වාමීනී මාගේ පුත්‍රයා මේ පැත්තෙන් ගියාද?" කියලා. කියනවා "ගෘහපතිය, වාඩි වෙන්න. මං ඔබට ධර්මය කියන්නම්" සාමුක්කංසික දේශනාව කරනවා. සාමුක්කංසික දේශනාව කියන්නේ චතුරාර්ය සත්‍යය. සෝවාන් ඵලයට පත්වෙනවා තාත්තා. ඒ දේශනාව අහලා යස කුලපුත්‍රයා රහත් ඵලයට පත්

වෙනවා. රහත් වුණාට තාම ගිහි. බුදුරජාණන් වහන්සේ ඍද්ධිය අතඅරිනවා. පුතා ළඟ. තාත්තට පේනවා. තාත්තා කියනවා "පුතේ, අම්මට කරදරයක් වෙයි. දැන් ඔන්න අම්මා කම්පා වෙලා ඉන්නවා. ඉක්මණට ගෙදර යං" කියනවා.

පසුවදා දානයට ආරාධනා කරනවා....

එතකොට බුදුරජාණන් වහන්සේ කියනවා "ගෘහපතිය, ඔබ යම් ධර්මයක් අවබෝධ කළාද, ඒ ධර්මය පරිපූර්ණව අවබෝධ කරලා උපාදාන රහිතව හිත මුදවාගෙන නිකෙලෙස් වෙලා මේ පුතා ඉන්නේ" කියනවා. "මේ පුතාට දැන් අවශ්‍යව තියෙන්නේ පැවිද්ද විතරයි "කියනවා. තාත්තා කියනවා "ස්වාමීනී, මාගේ පුත්‍රයාට ඒ පැවිද්ද එසේම වේවා. එහෙනම් ස්වාමීනී හෙට දවසේ දානයට මේ පුතත් සමග ගෙදරට වඩින්න" කියනවා. ඔන්න ඒහි භික්ෂු පැවිද්ද ලැබෙනවා යස කුලපුත්‍රයාට. බලන්න ඒ ජීවිත කොහොමද කියලා.

පින්වන්ත පවුලක්....

ඊට පස්සේ බුදුරජාණන් වහන්සේයි යස රහතන් වහන්සේයි ඒ ගෙදරට වඩිනවා. වඩිනකොට තාත්තා සෝවාන් වෙලා. දැන් ගිහි කාලේ යස කුමාරයාගේ බිරිඳයි අම්මයි දානේ හදලා දානේ පූජාකරනවා. එදා බුදුරජාණන් වහන්සේ එතනදිත් අර **දානකථා, සීලකථා, සග්ගකථා, කාමානං ආදීනවං, ඕකාරං සංකිලේසං, නෙක්ඛම්මේ ආනිසංසං**, ඔය අනුපිළිවෙළ කථාව වදාරළා සාමුක්කංසික දේශනාව කරනවා. එතකොට ඔන්න යස කුලපුත්‍රයාගේ බිරිඳයි අම්මයි සෝවාන් ඵලයට පත් වෙනවා.

එතකොට යස කුලපුත්‍රයාගේ තාත්තා තමයි බුද්ධ ශාසනයේ තෙරුවන් සරණ ගිය ප්‍රථම උපාසක. අම්මයි බිරිඳයි තමයි තෙරුවන් සරණ ගිය ප්‍රථම උපාසිකාවෝ. නිකම් නෙමෙයි තෙරුවන් සරණ ගියේ ඒගොල්ලෝ. මාර්ගඵල ලාභීන් හැටියටයි. දැන් බලන්න ඒ පින්වල වෙනස.

තිසරණය නැතුව මැරුණොත් සුගතියක් කොයින්ද....

දැන් අපි මෙහේ තෙරුවන් සරණ යනකොට තෙරුවන් සරණ කැඩෙන්න කොච්චර දේවල් තියෙනවද? තව කෙනෙක් ඇවිදින් නැකතක් ගෙනත් දෙනවා. බලාපිය මේකත් කියලා. තව කෙනෙක් කේන්දරේ බැලුවද කියලා අහනවා. මේ රකින තිසරණය නැති කරන්න කොච්චර දේවල් ද දැන් වර්තමානයේ. තිසරණයේ පිහිටලා මැරෙන්නේ කීයෙන් කී දෙනාද? ගොඩාක් දෙනෙක් තිසරණය නැතුව මැරෙන්නේ. සුගතියක් කොහෙද තිසරණය නැතුව මැරිලා.

ඉතින් ඒ නිසා ඒ බුදුරජාණන් වහන්සේගේ නානාධිමුත්තිකත භාවය ඥාණයක්. මං කල්පනා කළේ මේවා කියවද්දි ඇත්තෙන්ම මේ මොනතරම් පින්වන්තයොද? දැන් යස කුලපුත්‍රයගේ තාත්තා දන්නවද ඒ බුද්ධ ශාසනයේ පළවෙනි උපාසක කියලා. නෑ. අම්මා දන්නවද පළවෙනි උපාසිකාව කියලා. එයාගේ බිරිඳ දන්නවද පළවෙනි උපාසිකාව කියලා. නෑ නෙ. යස කුලපුත්‍රයා දන්නවාද පිටත් වුණේ රහත් වෙන්න කියලා. නෑ නෙ. බලන්න මේ හොඳට පින් මෝරපු අයගේ ඒවා සිද්ධ වෙන හැටි.

පින්වන්ත යාළුවෝ....

ඔන්න ඊට පහුවදා යස කුලපුත්‍රයාගේ පැවිද්ද ගැන ආරංචි වෙලා එනවා සිටු පවුල් වල සිටු කුමාරවරු හතර දෙනෙක්. විමල, සුබාහු, පුණ්ණජි, ගවම්පති කියලා. යස රහතන් වහන්සේ බලන්න එන්නේ. ඇවිල්ලා වැඳලා කතා කළහම මේ කුමාරවරු හතර දෙනාව බුදුරජාණන් වහන්සේ ළඟට එක්කන් යනවා. "භාග්‍යවතුන් වහන්ස, මේ බරණැස ප්‍රධානම සිටු පවුල්වල ඉන්න ප්‍රධාන කුමාරවරු හතර දෙනා" කියනවා. එතකොට බුදුරජාණන් වහන්සේ අන්න සාමුක්කංසික ධර්ම දේශනාව කරනවා. රහතන් වහන්සේලා හතර නමක්.

ඊට පහුවදා ආරංචි වෙලා අනිත් අය පනස් දෙනෙක් එනවා හොඳ කොල්ලෝ යස රහතන් වහන්සේ බලන්න. ආයෙ බුදුරජාණන් වහන්සේ ගාවට එක්කන් යනවා. "ස්වාමීනී, මේ පනස් දෙනා මගේ යාළුවෝ" ආයෙ චතුරාර්ය සත්‍යය දේශනා කරනවා. සාමුක්කංසික දේශනාව. ඒ සියලු දෙනාම නිකෙලෙස් වෙනවා. බලන්න ඒ යුගය.

එදා තත්වෙයි අද තත්වෙයි අහසට පොළව වගේ....

අද මොනවද තියෙන්නේ අපිට...? තිසරණය රැකගන්න කොච්චර අමාරුද? ආන්න අද තියෙන තත්ත්වෙයි එදා තත්වෙයි වෙනස දැන් තේරුම් ගන්න. මේ තිසරණය රැකගන්න කොච්චර අමාරුද? සිල්පද පහක් රැකගන්න කොච්චර අමාරුද? හිත රැකගෙන දානෙ ටිකක් පූජ කරගන්න කොච්චර අමාරුද? එතකොට හිතේ

ශ්‍රද්ධාවට හානි වෙන දේවල් නෙමෙයි ද හැම තැනම සිද්ධ වෙන්නේ වර්තමානයේ. ඒ විදිහට බලද්දි අපට කොච්චර දුෂ්කරද මේ කුසල් දහම්හි යෙදීම.

අපි බොරු කතා කරලා වැඩක් නෑ....

බුදුරජාණන් වහන්සේගේ කාලේ ඒ සුන්දර ලෝකෙ අද නෑ. බලන්න සුළු කාලෙන් පට පට ගාලා ඒ ධර්මාවබෝධය වෙච්ච හැටි. ඒ කාලේ ඉතින් අපි කොහේ කොහේ හිටියද මොනවා වෙලා හිටියද කියලා කවුද දන්නේ. මේ සංසාරේ කියන්නේ කොණක් පොටක් පේන තැනක් නෙමෙයි. කාලෙකට කල්ප ගාණක් මුහුදෙන් උඩට යන්නේ නෑ. කල්ප ගාණක් මැරි මැරී මුහුදේමයි. ආයෙ කාලෙකට වැසිකිළි වලෙන් ගොඩ යන්නේ නෑ කල්ප ගාණක්. ආයෙ තිරිසන් ආත්මෙන් ගොඩයන්නේ නෑ කල්ප ගාණක්. ආයෙ ප්‍රේත ලෝකෙන් ගොඩ යන්නේ නෑ කල්ප ගාණක්. ඒ විදිහට රවුම් ගගහ නෙ අපි ඉන්නේ. එහෙම ඇවිල්ලා තමයි අපි මේ මත් වෙලා ඉන්නේ මේ පේන ටිකට.

කල්ප ගණන් ගෙවා ඇවිත් මේ සංසාරේ....

ඉතින් මේ ඇත්ත ස්වභාවය බුදුරජාණන් වහන්සේ දේශනා කරපු නිසා අපි දැන් ඒක ඉගෙන ගෙන තියෙනවා. ඒ ඒ සත්වයන් සසරේ පුරුදු කරපු රටාව හොඳට පේනවා බුදුරජාණන් වහන්සේට කෙනෙක් දකිනකොට. අපිට ඒ අවස්ථාව නෑ දැන්. පේන තෙක් මානෙක එබඳු අවස්ථාවක් නෑ. එතකොට දැන් අපිට එහෙම ආඩම්බර වෙන්න දෙයක් නෑ. හිතට ගන්න මුකුත් නෑ. හරි විදියට තේරුම් ගත්තොත් අපි හැමෝම

එක එක්කෙනා ඉතාම අසරණයි. ඉතාමත්ම අසරණයි. එතකොට මේ අසරණභාවයට තියෙන පිළිසරණ තමයි බුදුරජාණන් වහන්සේව සරණ යන්න ලැබීම. ඉතින් ඒ සරණ ගියපු බුදුරජාණන් වහන්සේගේ ඤාණ තමයි දැන් ඔය අපි ඉගෙන ගනිමින් සිටියේ.

බාහිර සත්වයන්ගේ අභ්‍යන්තර ගුණධර්ම ගැනත් දන්නවා....

පළවෙනි ඤාණයට අපි කිව්වේ වියහැකි තැන් නොවිය හැකි තැන් ගැන ඒ ආකාරයෙන්ම උන්වහන්සේ දන්නවා. අතීත අනාගත වර්තමාන කර්ම විපාක හේතු වශයෙන් තැන් වශයෙන් එලදෙන ආකාරය උන්වහන්සේ ඒ ආකාරයටම දන්නවා. සියලු තැන්වල උපදින ප්‍රතිපදාව සියලු තැන්වලට යන ප්‍රතිපදාව උන්වහන්සේ ඒ විදිහටම දන්නවා. අනේකධාතු නානාධාතු ලෝකය උන්වහන්සේ ඒ විදිහට ම දන්නවා. සත්වයන්ගේ නානාධිමුත්තිකත බව ඒ විදිහටම දන්නවා. දැන් අපි ඤාණ කීයක් ඉගෙන ගත්තද? ඤාණ පහයි. ඊළඟ එක තමයි **"පරසත්තානං පරපුග්ගලානං ඉන්ද්‍රිය පරෝපරියත්තං යථාභූතං පජානාති"** මේ බාහිර සත්වයන්ගේ බාහිර පුද්ගලයන්ගේ අභ්‍යන්තර ගුණය මොන විදියටද තියෙන්නේ කියලා උන්වහන්සේ දන්නවා.

අසිරිමත්ය ඒ භාග්‍යවතාණෝ....

ඒ කියන්නේ අපි දැන් ගත්තොත් මෙතන ඉන්න ඔක්කෝගේම එක එක්කෙනා තුළ සංසාරේ පුරුදු කරපු එක්කෝ වීරිය ඉස්මතු වෙලා ඇති. එහෙම නැත්නම් පැහැදෙන ස්වභාවය ඉස්මතු වෙලා ඇති. එක්කෝ හිත

එකඟ වෙන බව, එහෙම නැත්නම් නුවණින් විමසන බව මොකක් හරි එකක් තියෙනවා පුරුදු කරපු එකක්. නමුත් මේ ලෝකෙ වෙන කවුරුවත් දන්නේ නෑ ඒක. ඒක දන්නේ කවුද? බුදුරජාණන් වහන්සේ. බාහිර සත්වයන්ගේ බාහිර පුද්ගලයන්ගේ ඉන්ද්‍රිය ධර්මයන්ගේ අඩු වැඩි බව උන්වහන්සේ දන්නවා. ඒකයි උන්වහන්සේට කෙනෙක් දකිනකොට ම හරිම පුදුමයි ඒවා අදහගන්න බෑ අපිට. සමහර අයට ධර්මය අවබෝධ කරන්න වචන දෙකයි කියන්නේ.

අසිරිමත් ශාස්තෘත්වය....

දවසක් එනවා භික්ෂුවක්. "භාග්‍යවතුන් වහන්ස, මං මේ හුදෙකලාවේ ඉන්නයි යන්න හදන්නේ. මට ධර්මයක් දේශනා කරන්න" කියනවා. "එහෙනම් භික්ෂුව මේක මතක තියාගන්න" කියනවා. "බැඳුනොත් ඔබ බැඳෙන්නේ මාරයාටයි. නිදහස් වුණොත් ඔබ නිදහස් වෙන්නේ මාරයාගෙන්. ඔන්න ඕක ගිහිල්ලා අවබෝධ කරන්න" ඔච්චරයි බණ. එතනදි මේ ස්වාමීන් වහන්සේ කියනවා "භාග්‍යවතුන් වහන්ස, මට අවබෝධ වුණා" කියනවා. විනාඩියක් ගියේ නෑ.

සුළු කලෙකින් රහතන් වහන්සේ නමක්....

ඔබට අවබෝධ වුණේ කොහොමද කියලා අහනවා. "භාග්‍යවතුන් වහන්ස, මම රූපයට බැඳුනොත් වේදනාවට බැඳුනොත් සඤ්ඤාවට බැඳුනොත් සංස්කාරයට බැඳුනොත් විඤ්ඤාණයට බැඳුනොත් මාරයාට බැඳුනා වෙනවා. භාග්‍යවතුන් වහන්ස, මම රූපයෙන් වේදනාවෙන් සඤ්ඤාවෙන් සංස්කාරයෙන්

විඤ්ඤාණයෙන් නිදහස් වුණොත් මාරයාගෙන් නිදහස්" කියනවා. "ආ... භික්ෂුව හරි. දැන් ගිහිල්ලා විවේකයෙන් ඉන්න. දැන් ඕක අවබෝධ කරන්න" කියනවා. සුළු කලයි ගියේ රහතන් වහන්සේ නමක්.

එක වචනයක් ඇති තව කෙනෙකුගේ ද්වේෂය ඇවිස්සෙන්න....

ඒ කියන්නේ උන්වහන්සේ හරියටම දන්නවා ඒ කෙනාට අවබෝධ කරන්න පාවිච්චි කරන්න තියෙන වචනෙ. දැන් අපි මොකක්වත් දන්නෙ නෑ නෙ සාමාන්‍ය ලෝකෙ. දැන් අපි සමහරවිට දන්නෙ නැතිව කෙනෙකුට වචනයක් කියනවා. ඒ වචනෙ ඇති එයා ආත්ම ගාණක් පස්සෙන් පන්නන්න. මට මේකා අරක කිව්වනේ කියලා. එහෙම වෙනවද නැද්ද? සමහර විට එයාට කේන්ති යන හොඳටම ගැටෙන වචනයක් අපි කියනවා. එතකොට එයාගේ තියෙන අර ඇතුලේ ඇන්ජිමට ඒක හොඳට සෙට් වුණා. එතකොට මොකද වෙන්නේ? හෝ ගාලා ද්වේෂය. එහෙම වචනෙට වෙන්නේ නැද්ද?

කර්මය හා බැඳුනු ජීවිත....

සමහර අය හොඳට එනවා. මේ යන්තම් වචනයක් එහෙන් මෙහෙන් යාන්තම් ගෑවෙන්න බෑ ප්‍රශ්න බවට පත්වෙන අවස්ථා නැද්ද? තියෙනවා නේ? ආන්න බලන්න සංසාරේ එක එක්කෙනා පුරුදු කරපු රටාව ඒ. ඒ රටාවට යන්නේ. එහෙම ගිහිල්ලා මේ ජීවිතේ ගොඩක් අය කර්මයට බැඳිල තමයි වාසය කරන්නේ. අපි දන්නෙ නෑ නෙ මේ. කර්මයට බැඳිලා කර්මයේ විපාක විඳ විඳ වාසය කරන්නේ. කර්මානුරූපව කසාද බඳිනවා. කර්මානුරූපව

ළමයි හම්බ වෙනවා. කර්මානුරූපව රස්සාවල් කරනවා. කර්මානුරූපව ගෝලයෝ ඇවිල්ලා මහණ වෙනවා. කර්මානුරූපව ස්ථාන හදනවා. මේ හැම දේටම බලපාලා තියෙන්නේ මොකක්ද? කර්මය.

අගසව් යුවල....

දැන් බුදුරජාණන් වහන්සේටත් ඒක බලපෑවේ නැද්ද? ඇයි උන්වහන්සේ සම්බුද්ධත්වයට පත් වෙලා ඒ හැට එක් නම ධර්මප්‍රචාරයට පිටත් කරලා ඊට පස්සේ උරුවෙල් දනව්වට වැඩලා උරුවෙල් දනව්වෙන් ජටිල දමනය කරලා ඒ දහස් නමත් එක්ක ගයා ශීර්ෂයට ගිහිල්ලා ගයා ශීර්ෂයේදි ඔක්කොම රහතන් වහන්සේලා බවට පත් වෙලා ඒ පිරිසත් එක්ක රජගහ නුවරට වඩිනවා. රජගහ නුවරට වැඩියට පස්සේ මෙන්න එනවා. කවුද එන්නේ? උපතිස්ස කෝලිත දෙසිය පණහක් පිරිස සමග එනවා. කවුද ඒ එන්නේ? අග්‍ර ශ්‍රාවකයන් වහන්සේලා.

මේ හැම එකකට ම කර්මානුරූප බලපෑමක් තියෙනවා....

එතකොට බලන්න කර්මානුරූප බලපෑමක් නැද්ද? තියෙනව නෙ. ඒවයින් මිදෙන්න බෑ ලෝක සත්වයාට. ගාණට ඒවා ඔක්කෝම සිද්ධ වෙනවා. දැන් රජගහ නුවරම ඉන්නකොට මෙන්න සැවැත් නුවර හිටපු සිටුතුමා මෙන්න රජගහ නුවර ඇවිල්ලා බිස්නස් වලට. මුණ ගැහෙනවා. එතකොට මෙණ්ඩක නුවර හිටිය ඒ මෙණ්ඩක සිටුවරයාගේ මිණිබිරී විශාඛා පුංචි කාලේ අවුරුදු හතේදි සෝවාන් වෙනවානේ. එතකොට බලන්න මේ ඔක්කොම ගාණට වෙන හැටි. ඒ පින්වන්ත අය

පින්වන්ත විදිහට ඒ ඒ තැන්වල ගාණට උපන්නා.

අපට මේ ජීවිතයේ ලැබිච්ච වටිනාම දේ ධර්මයයි....

හැබැයි අපිත් මේ ඉපදිලා තියෙන විදිහ ගත්තොත් මේ කාල පරිච්ඡේදයේදි මේ සමස්ත පෘථිවිය අපි ගමු නිකම්. ඕකේ එක එක රටවල ජීවත් වෙන මිනිස්සුත් එක්ක අපිටත් මනුස්ස ආත්මයක් ලැබුණනෙ. එතකොට අපිට ලැබිච්ච දේවල් අතර අග්‍ර මොකක්ද? ධර්මය නේද? මේ ධර්මය හම්බ වුණේ නැත්නම් සාමාන්‍ය මිනිස්සු වගේ අපිත් කාලා, පොඩි ගෙයක් හදාගෙන, පාරේ තියෙන දේවල් තාප්පේ තියෙන දේවල් බල බල, කන්න බැරිවෙච්ච කෑම ගැන හූල්ල හූල්ල, අඳින්න බැරිවෙච්ච ඇඳුම් ගැන හූල්ල හූල්ල, යන්න බැරිවෙච්ච වාහන ගැන හූල්ල හූල්ල, හදන්න බැරිවෙච්ච ගෙවල් ගැන හූල්ල හූල්ල, ඉගෙන ගන්න බැරිවෙච්ච විෂයන් ගැන හූල්ල හූල්ල, බලන්න බැරිවෙච්ච නාට්‍ය ගැන හූල්ල හූල්ල, අපිට ඉන්න වෙන්නේ. අද අපිට ඒවයින් බැහැර වෙලා ඉන්න පුළුවන්කමක් නැද්ද? ඒවා කෙරෙහි අපිට මධ්‍යස්ථව බලන්න බැරිද අද? ඒ මොකද හේතුව? ඊට වඩා ශ්‍රේෂ්ඨ දෙයක් අපිට කියවන්න පුළුවන් වෙච්ච නිසා. ධර්මය ලැබිච්ච නිසා.

හිතේ තියෙන මායාව හඳුනගන්න මේ ධර්මය උදව් කරනවා....

නැත්නම් තියෙන්නේ බාහිර දේ දිහා බලාගෙන හූල්ලනවා. ලබාගන්න බැරිවෙච්ච දේවල් හිතෙන්

මවාගෙන තෘප්තියක් විඳිනවා. ඕක නේද මනසේ තියෙන්නේ. ඉතින් මේ මායාවට අහුවෙච්ච අපිට මේක මායාවක් කියලා තේරුම් ගන්න උදව් වුණේ නැද්ද මේ ධර්මය? මේ ධර්මය තමයි උදව් වෙන්නේ.

ඉතින් ඒ නිසා අද දවසේ අපි ඉගෙන ගත්තා බුදුරජාණන් වහන්සේ තුළ තිබුන ඤාණ හයක්. මොනවද ඒ ඤාණ හය? වියහැකි නොවිය හැකි තැන් ගැන ඒ අයුරින්ම දන්නා ඤාණය පළවෙනි එක. දෙවෙනි එක අතීත අනාගත වර්තමාන කර්ම හේතු වශයෙන් තැන් වශයෙන් ඵලදෙන ආකාරය ඒ අයුරින්ම දන්නා ඤාණය. තුන සියලු තැන් වලට යන ප්‍රතිපදාව ඒ අයුරින්ම දන්නා ඤාණය. හතර අනේක ධාතු නානාධාතු ලෝකය ඒ අයුරින්ම දන්නා ඤාණය. පහ සත්වයන්ගේ නානාධිමුත්තික බව ඒ අයුරින්ම දන්නා ඤාණය. හය බාහිර සත්වයන්ගේ බාහිර පුද්ගලයන්ගේ ඉන්ද්‍රිය ධර්මයන්ගේ අඩු වැඩි බව ඒ අයුරින්ම දන්නා ඤාණය. අද අපි මේ ඤාණ හය ඉගෙන ගත්තා. ඒ දසබල ඤාණයෙන් යුතු බුදුරජාණන් වහන්සේගේ සරණ අපට මේ ජීවිතය තුළත් ඉදිරි ජීවිත තුළත් ඒ අයුරින්ම ලැබේවා!

සාදු! සාදු!! සාදු!!!

මහාමේඝ ප්‍රකාශන

www.ingramcontent.com/pod-product-compliance
Lightning Source LLC
Chambersburg PA
CBHW060518030426
42337CB00015B/1932